Dieter Stöpfgeshoff (Text)
Hans Kolthoff (Fotos)

Lebensweisen
2

Alltagsbeobachtungen
in der DDR

Dieter Stöpfgeshoff (Text)
Hans Kolthoff (Fotos)

Lebensweisen 2

Alltagsbeobachtungen
in der DDR

Max Hueber Verlag

Verlagsredaktion: Heiko Bock, Jörg Wormer · Ismaning
Layout: Bettina Crusius · Ismaning
Umschlaggestaltung: Planungsbüro Winfried J. Jokisch · Düsseldorf

CIP-Kurztitelaufnahme der Deutschen Bibliothek

Stöpfgeshoff, Dieter:
Lebensweisen/Dieter Stöpfgeshoff (Text), Hans Kolthoff (Fotos).
– München [i.e. Ismaning]: Hueber
Bd. 1 verf. von Dieter Stöpfgeshoff
NE: Kolthoff, Hans:
2. Stöpfgeshoff, Dieter: Alltagsbeobachtungen
in der DDR. – 1. Aufl. – 1986

Stöpfgeshoff, Dieter:
Alltagsbeobachtungen in der DDR/Dieter Stöpfgeshoff (Text). Hans
Kolthoff (Fotos). – 1. Aufl. – München [i.e. Ismaning]: Hueber, 1986.
(Lebensweisen/Dieter Stöpfgeshoff (Text). Hans Kolthoff (Fotos); 2)
ISBN 3-19-011366-1
NE: Kolthoff, Hans:

Eine Vorausauflage erschien unter dem Titel
Die Großmanns und die Ehlerts – Alltagsszenen aus der DDR
(ISBN 3-19-001366-7).

1. Auflage

3.	2.	1.		Die letzten Ziffern
1990	89	88	87	86	bezeichnen Zahl und Jahr des Druckes.

Alle Drucke dieser Auflage können, da unverändert,
nebeneinander benutzt werden.
© 1986 Max Hueber Verlag · München
Gesamtherstellung: Allgäuer Zeitungsverlag · Kempten
Printed in Germany
ISBN 3-19-01.1366-1

Vorwort

Um das Leben, den Alltag in einem Land lebendig und anschaulich schildern zu können, muß man am Leben, am Alltag teilhaben.

Der Fotograf Hans Kolthoff und ich hatten schon lange viele private und berufliche Reiseerlebnisse in der DDR. Wir wollten sie durch eine längere journalistische Reise vervollständigen und dann ein Buch über den Alltag in der DDR herausgeben.

Längere Reisen kosten Geld. Wir bemühten uns um ein Stipendium beim Schwedischen Autorenverband. Dank der Großzügigkeit dieses Schriftstellerverbandes wurde die Reise finanziell überhaupt möglich.
Aber auch staatliche Instanzen der DDR sind maßgeblich am Zustandekommen dieses Buches beteiligt.

Um als Journalist, Fotograf oder Autor in der DDR arbeiten zu können, muß man akkreditiert, also seitens des Staates anerkannt, sein. Diese Akkreditierung vermittelt die staatliche Auslandskorrespondentur PANORAMA. Wir schilderten dort unsere Pläne, unsere Wünsche, unsere Reiseziele. PANORAMA konzipierte einen dreiwöchigen Aufenthalt in der DDR genauestens nach unseren Wünschen. Wir wollten ja ganz konkret zwei DDR-Familien kennenlernen: eine aus dem Industriebereich, eine aus dem Landwirtschaftsbereich.

Mit Tonbandgerät und Kamera durchstreiften wir vor einigen Jahren die DDR und erlebten ihren Alltag. Wir machten vorbereitete Interviews, aber wir sprachen auch ganz spontan mit den Leuten: auf Plätzen, Straßen, in Warenhäusern, Hotels und Restaurants. So füllten sich Filme und Bänder mit DDR-Wirklichkeit.

Und so persönlich, wie wir die DDR erfuhren, geben wir sie wieder: vom Eindruck zur Beschreibung des Alltags. Eine kritische Betrachtung der DDR-Wirklichkeit beschließt diesen Band.

In Schweden ist mein Buch schon erschienen. Ich lege hier die überarbeitete und erweiterte Fassung vor.

Dieter Stöpfgeshoff

Inhalt

Familie Großmann

Der Bauarbeiter Hans-Jürgen Großmann und seine Brigade

Diesen Blick hat der Kranführer Hans-Jürgen Großmann acht Stunden am Tag, 40 Stunden in der Woche. Er hält Kontakt zu seinen Arbeitskollegen in der Keller-Bau-Brigade Steinbrück. Seine Bodenkollegen zeigen ihm auf Zentimeter genau den Montageplatz für die Beton-Fertigelemente. Uns fasziniert der Arbeitsplatz von Hans-Jürgen. Wir sind begeistert von dem Überblick. Hans-Jürgen sieht das etwas anders: „Das hier oben ist ein hartes Brot. Also, da unten kann ich mich mit meinen Kollegen unterhalten. Hier oben ist es ein bißchen eintönig. Die Bewegung fehlt. Manchmal auch viel Streß. Aber doch: eine schöne Sache! Viel Verantwortung. Man muß ja sehr genau fahren. Und: den Kran muß man behandeln wie seine Frau: immer vorsichtig!"

In welche Richtung wir auch schauen: überall sehen wir Menschen tragen, heben, sägen, schweißen, mauern. Ein riesiges Wohnviertel entsteht in der Stadt Erfurt. Erfurt liegt im Südwesten der DDR. Es ist das Zentrum der Landschaft Thüringen und liegt nicht weit von der Hauptstadt der deutschen klassischen Literatur: Weimar. Dort wohnte Johann Wolfgang von Goethe. Es ist auch die Gegend von Martin Luther. Aus der Glaskanzel des sowjetischen Kranes blicken wir in eine Landschaft,

die Mittelpunkt deutscher Kulturgeschichte war.

Hans-Jürgen Großmann ist 1940 geboren, also ein „Kriegskind", wie ich selbst. Mit all den Erfahrungen, die Kriegskinder gemacht haben. Heute ist er Kranführer im VEB Wohnungsbaukombinat Erfurt, Ehemann, Vater von vier Kindern, Einwohner der Stadt Er-

furt, Staatsbürger der DDR, Sportfischer, Freund von gutem Essen und Trinken. Er ist in diesem Buch Stellvertreter für den Industriearbeiter in einer DDR-Großstadt.

Hans-Jürgen ist Arbeiter. Als Arbeiter gehört er zur Arbeiterklasse. Die Arbeiterklasse hat für den Aufbau des Sozialismus die politische Führung übernommen. In einem Land, das dem Arbeiter diese historisch führende Rolle gibt, spielt der Arbeitsprozeß die wichtigste Rolle in der Gesellschaft. Wir wollen Hans-Jürgen zuerst als Arbeiter kennenlernen, als Kranfahrer, als Brigademitglied, als Kombinatsmitglied.

Jeden Morgen gibt es eine genaue Arbeitsbesprechung mit dem Brigadeleiter, dem Brigadier Steinbrück, der

rechts im Bilde steht. Alle Brigaden tragen den Namen ihres Brigadiers. Ein Brigadier muß Vorbild sein. Seine Funktion muß man pädagogisch verstehen. Die ganze Brigade soll so schnell und gut arbeiten wie ihr Brigadier. Die Brigade ist also ein Arbeitskollektiv, das im kollektiven Arbeitsprozeß der DDR Aufgaben selbständig löst. Die Größe einer Brigade hängt von der Arbeitsaufgabe ab. Die Brigade Steinbrück hat 5 Mitglieder. Sie arbeitet in der Normalschicht, d. h. von morgens 7.30 Uhr bis nachmittags um 16 Uhr. Sie hat an den Wochenenden frei. Bis vor ein paar Monaten hat diese Brigade noch in der Viererschicht gearbeitet, im Hochbau und nicht wie jetzt im Kellerbau. Willy Steinbrück, der Brigadier, berichtet: „Ja, früher haben wir Hochhäuser montiert. Haben rund um die Uhr gearbeitet. Leider geht das nicht mehr. Kann nicht mehr so hoch oben arbeiten. Dann machen wir eben alles, was unten auf der Erde passiert."

Hans-Jürgen Großmann hat seinen zwei Kollegen, den Schweißern Hildebrandt und Lemke, die Betonplatten

dort hingefahren, wo sie stehen müssen. Jürgen Hildebrandt schweißt gerade die Platten zusammen. Die Handgriffe sind eingeübt. Der Schweißer Manfred Becker, der die gleichen Arbeiten wie seine zwei Kollegen macht, meint: „Ja, manchmal ist die Arbeit schon ein wenig langweilig. Manchmal sehnt man sich nach was anderem. Bei solchen Arbeiten gibt es auch viel Dreck. Jetzt ist es ja trocken. Da geht's ja! Aber wenn's regnet. Dann ist es schlimm. Trotzdem: ich möchte nicht drinnen in einem Großbetrieb arbeiten." Diese Aussage von Manfred Becker mag ein Trost für Hans-Jürgen sein. Er sitzt jedenfalls trocken und wird nicht so schmutzig wie seine Kollegen auf der Erde. Es ist sehr angenehm, die Mitglieder der Brigade Steinbrück kennenzulernen. Es sind keine Helden der Arbeit, keine Helden sozialistischer Arbeitsdisziplin und Arbeitsmoral. Sie reden ganz normal. Sie stehen, selbst Hans-Jürgen, mit beiden Füßen auf der Erde. Sie sind selbstbewußt. Politisch-agitatorisches Vokabular gebrauchen sie nicht.

Die Brigade arbeitet in der sogenannten Taktstraße Vorlauf. Ihre Arbeit geschieht vor der Hochbaumontage. Daher der Name Vorlauf. Sie muß in einem bestimmten Arbeitstakt arbeiten. Die Taktstraße besteht aus mehreren Brigaden. Die Brigaden, die ein Taktstraßenleiter führt, planen sorgsam ihre gemeinsame Arbeit. Willy Steinbrück berichtet: „Alle acht Tage haben wir Bri-

gadebesprechung. Da wird festgelegt, was gemacht werden muß. Da gibt's einen genauen Zeit- und Ablaufplan."
An diesen Ablaufplan muß sich die Brigade exakt halten. Der Brigadier ist dafür verantwortlich. Überhaupt hat ein Brigadier viel zu tun. Wieder Willy Steinbrück: „Frühmorgens bin ich als erster da. Es kann ja mal sein, daß etwas außerplanmäßig passiert. Ich habe direkten Kontakt zum Taktstraßenleiter. Der entscheidet dann, was zu tun ist. Ich sage das dann meinen Kollegen. Und dann wird gearbeitet." Willy Steinbrück spricht dann weiter vom Ablaufplan, von den festen Terminen. Wenn etwas nicht klappt, dann ist das für ihn und seine Kollegen „außerplanmäßig".

Planwirtschaft in der Bauindustrie und menschliches Wohnen

In der DDR ist alles nach Plänen geordnet. Man hat ja eine Planwirtschaft. Man plant die Produktion in der gesamten DDR für einen Zeitraum von 5 Jahren. Man spricht in der DDR vom Fünfjahrplan. Dieser Fünfjahrplan ist die Direktive der Sozialistischen Einheitspartei Deutschlands (SED) für die Entwicklung der Volkswirtschaft. Diese Fünfjahrplanung verteilt sich auf unzählige Detailpläne, bis hin zu dem Ablaufplan der Brigade Steinbrück. Es entstehen Tagespläne, Wochenpläne, Monatsplä-

13

ne und Jahrespläne. Alle diese Pläne müssen erfüllt werden. Die Planziele müssen erreicht werden. Die Arbeit der Brigade Steinbrück, die Arbeit der Kollegen Großmann, Hildebrandt, Lemke, Becker und Steinbrück ist somit Teil eines großen Gesamtsystems gesellschaftlicher Arbeit. Diese Arbeit ist weniger von der Konjunktur, dem Arbeitsmarkt abhängig, sondern ergibt sich aus dem Gesamtplan, aus dem Fünfjahrplan. Jeder Bürger der DDR kann diesen Fünfjahrplan lesen. In jeder Buchhandlung der DDR kann man ihn bekommen. Ich habe ihn mir gekauft und will einmal nachschauen, was für das Bauwesen geplant ist:

„Die Bauproduktion der Volkswirtschaft ist (...) auf 127−128 Prozent zu erhöhen.

(...)

75−80 Prozent der Steigerung der Arbeitsproduktivität sind durch Nutzung der Ergebnisse aus Wissenschaft und Technik zu erreichen; dabei sind körperlich schwere Arbeiten weiter zu reduzieren.

(...)

Mit der weiteren Einführung der Wohnungsbauserie (...) ist im industriellen Wohnungsbau der Arbeitsaufwand je Wohnung um 20−23 Prozent und der Stahl- und Zementeinsatz um 10 Prozent zu senken.

Durch rationelle Technologien und mehrschichtige Auslastung ist eine höhere Produktion in den vorhandenen Plattenwerken zu erreichen."

Die Direktiven für das Bauwesen sind noch viel länger. Das Wohnungsbaukombinat Erfurt muß diese Direktiven genau beachten. Der Plan muß erfüllt werden. Im Kombinat ist der Kombinatsdirektor dafür verantwortlich, in der Taktstraße der Taktstraßenleiter, in der Brigade der Brigadier. Jedes Brigademitglied kann nachlesen, wie der Kombinatsdirektor den Gesamtplan für sein Kombinat erfüllen will. Willy Steinbrück ist für seine Brigade verantwortlich, produktiver zu sein, Beton und Stahl zu sparen. Versteht man die Brigade Steinbrück als Teil eines Ganzen, versteht man ihre Arbeit als Teil einer gesamtgesellschaftlichen Arbeit, dann versteht man ihre Arbeit als etwas Logisches, als etwas Übersichtliches. Planen ist gut. Aber auch das Planen muß gelernt werden. Das ist ein historischer Prozeß. Das lernt man nicht von heute auf morgen.

„Im Volk wird gesagt: Wir bauen Betonklötze. Aber wir müssen industriell

bauen. Industriell heißt aber nicht phantasielos. Als Bauleute müssen wir uns anstrengen, daß die nachfolgende Generation voll und ganz mit uns zufrieden ist."

Das sagt der Montage-Obermeister Eberhard Pechmann. Die Bevölkerung hat natürlich vollkommen recht: Solche Häuser sind nichts anderes als Betonklötze ohne phantasievolle Architektur. In beiden Wirtschaftssystemen in Ost und West bieten sich den Bauleuten offenbar aus rationellen Gründen die gleichen Lösungen an. Ob Soziale Marktwirtschaft im Westen oder Planwirtschaft im Osten: Betonklötze sind Betonklötze. Bei solchen Häusern müssen wir an diesen kleinen Jungen denken, der dort auf dem Betonsockel sitzt. Wird er als Repräsentant der nachfolgenden Generation dem Montage-Obermeister Pechmann im Jahre 2000 sagen können: ,Ihr Bauleute der 80er Jahre habt euch angestrengt, damit wir menschlich wohnen können. Ihr habt eure Aufgabe gut gelöst. In diesem Erfurter Vorort habe ich eine sehr schöne Jugend gehabt, weil ihr so schöne Häuser und Wohnungen gebaut habt . . .'

Dieser neue Stadtteil Erfurts besteht natürlich nicht nur aus Wohnhäusern. Leute müssen essen, sich kleiden usw., also gibt es Geschäfte. Kinder und Jugendliche müssen etwas lernen, also gibt es Schulen. Eltern von Vorschulkindern müssen arbeiten, also gibt es Kinderkrippen und Kindergärten. Leute werden krank, also gibt es eine Am-

bulanz. Leute wollen lesen — und in der DDR wird viel gelesen —, also gibt es eine Bibliothek. Frauen wollen gepflegt aussehen, also gibt es einen Friseur-, Schönheits- und Pflegesalon. Als wir diesen besichtigen und sehen, wie Frauen Gesichtspackungen bekommen, müssen wir lächeln und fragen unseren Gastgeber, den stellvertretenden Direktor des Kombinats: „Sind das nicht bürgerliche Relikte ...?" „Nein!" antwortet er, „Schönheitspflege gehört zum Wohlbefinden. Unsere Gesellschaft erleichtert der berufstätigen Frau die persönliche Pflege durch solche Einrichtungen!" In diesem neuen Stadtteil gibt es natürlich auch ein Speiserestaurant und eine Wein- und Bierstube. Denn in der DDR gehen die Leute viel aus. Man ißt und trinkt sehr billig, aber es gibt zu wenige Restaurants. Ein Begriff, der mir noch bei unserem Gespräch auffällt, ist „Gesellschaftsgebäude". In den Gesellschaftsgebäuden sind soziale und kulturelle Einrichtungen und auch Dienstleistungsbetriebe untergebracht.

Was ist Sozialismus?
Wie arbeitet eine Brigade?
und andere Fragen
an die Brigade Steinbrück

Wieder zurück zur Brigade Steinbrück. Außerplanmäßig machen wir gemeinsam ein längeres Interview. Mit viel Ruhe und ohne Mikrofonangst werden meine Fragen beantwortet. Kurz die Namen von links nach rechts: Jürgen Hildebrandt, Hans-Jürgen Großmann, Albert Lemke, Willy Steinbrück, Günter Peters (Taktstraßenleiter), Manfred Bekker, Eberhard Pechmann (Montage-Obermeister).
Ich frage: „Wie interpretieren Sie den Sozialismus?"

Willy Steinbrück antwortet:
„Man weiß genau, daß man einen Arbeitsplatz hat. Alles ist gesichert, die Urlaubsplätze. Das Kombinat hat ein eigenes Ferienlager. Die Kinder gehen nach der Schule in den Hort. Und dann die Krankenkasse. Wenn ich zum Arzt gehe, dann ist das kein Problem. Da ge-

he ich mit meinem Buch hin. Da nimmt mich jeder Arzt an. Das ist ganz selbstverständlich."

Manfred Becker ergänzt:
„Das mit der ärztlichen Versorgung ist besonders wichtig auf dem Bau. Auf

Baustellen passieren immer Unfälle. Da gibt's überhaupt keine Schwierigkeiten."

Eberhard Pechmann erklärt:
„Also die ganzen Fragen der sozialen Betreuung."

Und für Manfred Becker ist wichtig:
„Sichere Arbeitsstelle. Neubauwohnungen. Sportliche Unterstützung."

Günter Peters meint:
„Die Bildungseinrichtungen sind für jeden Bürger da. Es liegen da keine Steine im Weg. Die Frage der Qualifizierung wird bei uns großgeschrieben. Das ist ein großer Vorteil, daß jeder sich entwickeln kann. Gesicherte Arbeit. Gesicherte Wohnverhältnisse. Das Kombinat setzt sich sehr dafür ein, daß jeder Kombinatsangehörige in ordentlichen Wohnungen lebt. Die Kinder sind gut untergebracht. Also Kinderkrippe, Kin-

dergarten, Ferienlager usw. Das organisiert alles der Betrieb."

Und Hans-Jürgen formuliert es so:
„Ich vergleiche das ganz einfach mit der Bundesrepublik. Dort sind die Kinderreichen fast Asoziale. Ich bin auch kinderreich. Na, guck doch mal, wo leben die, wo leben wir. Die ganze Unterstützung, die ich vom Betrieb und vom Staat kriege für meine Kinder, das ist für mich eine Entwicklung!"

Bei den Gesprächen mit den Brigademitgliedern stelle ich fest, daß sie kaum politische Schlagwörter verwenden. Für sie ist Sozialismus konkreter sozialer Fortschritt, der für sie erlebbar, der für den Gast erkennbar ist. Den fünf Brigademitgliedern ist Aktivistenpathos fremd. Der Arbeiter Hennecke, der im Jahre 1948 die Schichtnorm mit 387% erfüllt hat, ist für diese fünf Arbeiter kein Vorbild mehr. Die individuellen Arbeitshelden, zweifellos wichtig für die Aufbauphase in den 50er Jahren, sind historisch nicht mehr notwendig. Heute können wir die typischen DDR-Arbeiter in solchen Männern erkennen, die uns gerade ihren Sozialismus beschrieben haben.

Ich möchte noch mehr über diese Männer erfahren. Ich frage, wie sie die Brigade beschreiben würden.

Manfred Becker meint:

„Man kann vielleicht sagen, daß wir eine Truppe sind, die sich kameradschaftlich wirklich gut versteht." Für Willy Steinbrück bedeutet sie: „Kameradschaft. Wir machen auch mal einen Brigadeabend, in einer Gaststätte. Da sind wir alle mal zusammen, ohne Arbeit. Ja, und sonst ... wenn irgendeiner Probleme hat, helfen wir. Wir helfen uns gegenseitig in der Arbeit. Wenn einer mal fort muß, dann geht das genauso weiter. Wir haben auch schon große Fahrten gemacht, mit unseren Frauen zusammen. Bis Moskau, mit über 30 Mann. Das war eine Auszeichnung für die vier Schichten. Man hat wirklich 'was gesehen. Die Frauen bezahlten nichts."

Hans-Jürgen fügt hinzu:

„Die ganze Brigade war auch voriges Jahr in Polen, in Krakau. Mit Frauen. War wunderbar. Das hat uns keinen Pfennig gekostet. Unser Kombinat hat gute Kontakte mit Krakau."

Heute, wo ich mein Manuskript überarbeite und die geschichtliche Entwicklung kenne, würde eine DDR-Brigade kaum nach Polen reisen können.

Ich frage die Brigademitglieder weiter, wie ihr Verhältnis zu den Leitern, zu den Vorgesetzten ist.

Jürgen Hildebrandt:

„So wie es mit dem Taktstraßenleiter ist, so ist es normal. Offen und freundlich."

Hans-Jürgen:

„Der ist eigentlich unser Kumpel."

Noch einmal Jürgen Hildebrandt:

„Mit dem Taktstraßenleiter kann man sich vernünftig unterhalten. Der denkt nicht, daß er ein bißchen höher gestellt ist."

„Und wenn der Kombinatsdirektor kommt, wie reagiert man dann?" frage ich.

Willy Steinbrück:

„Wie bei jedem. Genauso wie sonst."

Hans-Jürgen:

„Guten Tag. Hand geben. Ganz normal."

Meine nächste Frage gilt der Kritik am Arbeitsplatz. Was macht die Brigade, wenn sie mit einer Situation im Kombinat nicht zufrieden ist?

Der Brigadier antwortet:

„Dann geht's zuerst zum Taktstraßenleiter. Wenn das nicht hilft, und er nicht mehr durchkommt, dann geht's gleich zum Kombinatsdirektor. Das haben wir alle schon gemacht. Da hat etwas nicht geklappt, ein paar wichtige Sachen haben gefehlt. Das war nicht in Ordnung. Da mußte der Kombinatsdirektor uns Rechenschaft geben. Warum? Woran das gelegen hat? Und dann ging das in Ordnung. Innerhalb von zwei, drei Tagen. Was hier faul ist, falsch ist, nicht klappt, das wird offen diskutiert. Da sagen wir uns offen die Meinung. Da nimmt keiner ein Blatt vor den Mund."

Meine nächste Frage gilt dem 1. Mai. Hasse und ich haben ihn gerade vor ein paar Tagen in Berlin erlebt. Was hat die Brigade an diesem Arbeiterfeiertag gemacht? Der Brigadier Willy Steinbrück war ohne seine Kollegen auf dem Erfurter Domplatz, wo die Reden gehalten wurden. Die Brigade war also nicht zusammen. Hans-Jürgen war zu Hause. „Was sagen die Kollegen?", frage ich. „Was sollen die schon sagen?", lacht Hans-Jürgen mich an. Dem Jürgen Hildebrandt war der Fußball wichtiger als der 1. Mai. Manfred Becker war auch auf dem Domplatz, und er erklärt: „Ich war natürlich auf dem Domplatz. Zur offiziellen Kundgebung, danach im Kombinat. Jedes Jahr wird dort etwas Kulturelles geboten. Bratwurststände. Dort kann man sich gut amüsieren."
Ich muß bei dieser Antwort lachen und frage, was die Bratwurststände denn mit Kultur zu tun hätten. „Da wird die Eßkultur gepflegt!" antwortet Hans-Jürgen. Interessant ist auch, daß im Zusammenhang mit dem Ersten Mai das

Wort „amüsieren" fällt. Ja, mir fiel schon in Berlin auf: Nach den ernsten offiziellen Reden amüsiert sich das Volk. Wie gesagt, den 1. Mai erlebten Hasse und ich in Berlin. Vor unseren Augen, Objektiven und Mikrofonen gab es ein riesiges Volksfest. Auf dem Alexanderplatz, dem Alex, spielten bis spät abends Orchester Tanzmusik. Pop-Gruppen traten auf. Es war ein Fest für Erwachsene und Kinder. Man machte Kindertheater, übte an Sportgeräten. Eine Schülerbrigade sammelte Geld für Chile. Dabei standen sie in einem Brigadewettbewerb mit anderen Schülerbrigaden. Übrigens war diese 1. Maifeier im besonderen Maße schön, weil es keine Militärparade gab. Und ein Arbeiter sagte uns ins Mikrofon:
„Ich wollte nur sagen, der 1. Mai ist ein Kampftag der Arbeiter, kein Tag des Militärs. Für einen 8-Stunden-Tag würden die nicht kämpfen. Nee, die Arbeiter sind aufgestanden und haben gesagt: Wir wollen den 8-Stunden-Tag haben. Da sind die damals auf die Straße gegangen. Und das ist, was heute die Tradition ausmacht: auf die Straße zu gehen, zu feiern, was wir geschafft haben. Und wir haben jetzt die 40-Stunden-Woche. Das hat kein Militär geschafft."

Wieder zurück zur Brigade Steinbrück in Erfurt. Unser Brigadier ging nach der offiziellen Feier zum Kombinat, wo traditionell weitergefeiert wird. „Da hat man immer ein bißchen Kontakt mit dem ganzen Kombinat. Da trifft man

Leute, die man lange nicht gesehen hat. Man unterhält sich, trinkt sein Bier. Das ist positiv für das ganze Kombinat."

In meinem Interview frage ich die Brigademitglieder nach ihrem Familienleben. Ob die Frauen berufstätig sind, ob sie selbst auch im Haushalt arbeiten, was sie in der Freizeit tun.
Willy Steinbrück antwortet:
„Meine Frau arbeitet in der Schulkantine. Halbtags. Von morgens 7 Uhr bis mittags um halb eins. Dann ist sie zu Hause. Ich habe drei Mädchen. Die Große ist 23, die andere 18, und die Kleine ist 12. Unsere Große ist schon verheiratet. Die Mittlere will jetzt auch heiraten."
Manfred Becker erzählt:
„Meine Frau arbeitet auch halbtags. Im Schuhkombinat. Wir haben einen Sohn. Mit dem beschäftige ich mich nach Feierabend. Um 18 Uhr muß der ins Bett. Dann kann man auch mal fortgehen. Die Arbeit zu Hause ist für uns beide genau eingeteilt."
Willy Steinbrück knüpft an:
„Das ist bei mir nicht so! Da ist die Frau da und die Töchter. Ich bin nur zum Essen da. Ich kümmere mich voll um den Garten."
Jürgen Hildebrandt berichtet:
„Den Haushalt macht größtenteils meine Frau. Unser Junge ist im Kindergarten. Sie kann dadurch arbeiten gehen. Da muß ich abends auch mal helfen. Sonst müßte die Frau ja 12 Stunden arbeiten. Ich mache nebenbei auch Sport: Fußball."

Albert Lemke ist etwas leiser und ruhiger, auch etwas schüchterner. Er beschäftigt sich mit den Kindern, tut nicht so viel im Haushalt, aber alles im Garten und ist, wie Hans-Jürgen, ein begeisterter Angler. Hans-Jürgen Großmann will ich an dieser Stelle nicht weiter vorstellen. Über ihn und seine Familie werde ich noch viel zu erzählen haben.
Mich interessiert nun der junge Taktstraßenleiter Günter Peters, von dem ja Jürgen Hildebrandt sagte, daß man sich mit ihm gut unterhalten könnte. Günter Peters ist Bauingenieur. Er ist sehr jung. Willy Steinbrück könnte der Vater sein. Ich möchte etwas über seinen beruflichen Lebensweg wissen:
„Ja, ich bin 10 Jahre zur Schule gegangen. Normale POS (Polytechnische Oberschule). Dann habe ich Abitur gemacht, mit Berufsausbildung als Betonbauer. Das hat drei Jahre gedauert. Dann ging ich nach Leipzig auf die Hochschule. War dann nach vier Jahren Diplombauingenieur. Bin jetzt zweiundeinhalb Jahre in der Praxis."
Wie ist es mit dem Unterschied zwischen Theorie und Praxis?

„Ja, der Unterschied ist ziemlich groß. Ich rate keinem, sofort in die Technologie oder in die Projektierung zu gehen. Ich rate jedem jungen Bauingenieur, nach dem Studium auf die Baustelle zu gehen. Da lernt man ja erst, wie es wirklich ist."

Aus was für einem Zuhause kommt er? „Meine Mutter ist Hausfrau. Mein Vater ist Fernmeldeingenieur bei der Post. Ich habe noch eine Schwester. Die ist Bauzeichnerin."

Die Brigade Steinbrück muß zurück zur Arbeit. Wir drücken Bauarbeiterhände. Die fühlen sich anders an als Büroarbeiterhände. Wir sagen: „Vielen Dank. Tschüs. Macht's gut."

Wir trafen ein Kleinkollektiv, die fünfköpfige Brigade Steinbrück in Erfurt. Somit haben wir fünf DDR-Arbeiter kennengelernt. Fünf sind fünf und nicht alle. Den „typischen DDR-Arbeiter" gibt es nicht, finden wir nicht. Aber warum sollten gerade diese fünf ganz anders sein als die vielen Kollegen in der übrigen DDR, die auch nach ähnlichen zentralen Plänen arbeiten, gleiche Schulen besucht haben, einen ähnlichen Alltag verleben? In einem Staat wie der DDR sind die Lebensstile der Bürger nicht so unterschiedlich wie in den westlichen Ländern mit Marktwirtschaft. Deshalb glaube ich auch, daß in den Aussagen der Brigademitglieder auch viel DDR-Typisches zu finden ist.

So ist es uns auch immer wieder in Gesprächen mit anderen Arbeitern aufgefallen, daß der Sozialismus der DDR unten beim Volke sozial interpretiert wird und nicht mit ideologischen Erklärungen. Die Erfüllung der materiellen Lebensbedürfnisse steht an erster Stelle, also Essen, Trinken, Wohnen, Kleidung. Jeder, den wir fragten, nannte aber immer sofort auch die sozialen Dinge wie ärztliche Versorgung, Rentenversicherung, Sicherung des Arbeitsplatzes, Versorgung der Kinder.

Willy Steinbrück sagte ja: „Alles ist gesichert!" Der Lebensstandard der DDR muß vor allem an diesem „Alles ist gesichert!" gemessen werden. Erst dadurch bekommt die DDR das Bild, das sich viele von ihr einfach nicht machen wollen, nämlich das Bild des Sozialstaates. Daß das Leben in einem solchen Sozialstaat mit den vielen Gesetzen, Regeln und Plänen vielleicht etwas langweilig ist, ist sicher der Preis, den man für die Sicherheit bezahlen muß.

Geschäftsführung in einem sozialistischen Großbetrieb

„Alle unmittelbar gesellschaftliche oder gemeinschaftliche Arbeit auf größerem Maßstab bedarf mehr oder minder einer Direktion."

Dieser Satz von Karl Marx mag das Kapitel über das Kombinat und den Kombinatsdirektor einleiten. Ein Kombinat ist ein sozialistischer Großbetrieb, in dem also Arbeit in „größerem Maßstab" durchgeführt wird. Diese Arbeit „bedarf mehr oder minder einer Direktion". Das VE Wohnungsbaukombinat Erfurt hat eine Direktion. An der Spitze steht der Kombinatsdirektor. Er leitet das Kombinat nach dem Prinzip der Alleinführung. Das bedeutet aber nicht, daß er ein absoluter Herrscher ist. Er muß das Kombinat so leiten, daß alle Teilbetriebe, alle Abteilungen, alle Kollektive, also auch die Brigade Steinbrück, ihre Aufgaben selbständig und planmäßig ausführen. Ein Kombinat ist, wie der Name sagt, aus vielen früher eigenständigen Volkseigenen Betrieben kombiniert, zusammengeschlossen worden, aus Rationalisierungs- und Effektivitätsgründen. Die Vorbilder dafür holte sich die DDR aus der UdSSR.

Das volkseigene Wohnungskombinat Erfurt beschäftigt ungefähr 6000 Menschen. Es ist für die meisten Bauten im Bezirk Erfurt verantwortlich. Ein ganzer Vorort wird z. B. schlüsselfertig gebaut. Mit allem, was die Menschen brauchen. Wir wollen den Menschen kennenlernen, der nun für das Ganze verantwortlich ist: den Kombinatsdirektor.

Direktor Bendixen ist seit 1975 Kombinatsdirektor. Er kommt aus einer Arbeiterfamilie. Er ist gelernter Bautischler. Erst als Erwachsener hat er das Abitur gemacht, und zwar auf der ABF (Arbeiter- und Bauernfakultät), die in den Aufbaujahren der DDR eine große pädagogische Rolle spielte. Nach dem Abitur

an der ABF studierte Direktor Bendixen in Weimar Architektur und Bauwesen. Er studierte 5 1/2 Jahre lang, also 11 Semester.

Wir treffen den Kombinatsdirektor und einige seiner Abteilungsdirektoren zu einem längeren Gespräch bei Butterbroten und Kaffee. Er trägt wie die anderen Direktoren das Parteiabzeichen der SED am linken Jackenaufschlag. Sie sind also Mitglieder der Sozialistischen Einheitspartei Deutschlands. Direktor Bendixen ist direkt von der Volkskammer in das Amt des Kombinatsdirektors eingesetzt worden. Die Volkskammer überwacht seine Arbeit. Sie kann ihn absetzen,

wenn er seinen gesellschaftlichen Auftrag nicht erfüllt. Er arbeitet eng mit der Gewerkschaft zusammen, also mit dem FDGB (Freier Deutscher Gewerkschaftsbund), mit der Partei und mit dem Jugendverband der DDR, der FDJ (Freie Deutsche Jugend). Ich frage Direktor Bendixen nach konkreten Arbeitsaufgaben:

„Ja, da möchte ich zuerst über sozialpolitische Aufgaben sprechen. Ich kümmere mich um Wohnprobleme unserer Werktätigen. Hat jemand Schwierigkeiten in der Familie, und ich erfahre davon, so habe ich die Pflicht zu helfen. Ich kann vielleicht Normalschicht statt Viererschicht vorschlagen. Ich kann die Ehepartner zu einem Gespräch einladen. Dann höre ich mir die Probleme genau an. Danach kann ich besser handeln.

Ich bin natürlich verantwortlich für die konkret gestellten Bauaufgaben, die wir von den Räten der Stadt Erfurt bekommen. Also, das wären die fachlichen und ökonomischen Prozesse in meinem Aufgabenbereich. Dann möchte ich auch von meiner ideologischen Arbeit sprechen. Ich muß als Kombinatsdirektor erklären, daß die Interessen des Staates auch die Interessen der einzelnen Individuen sind. Ich muß zur Arbeit stimulieren, Leistungsbereitschaft und Arbeitsinteresse wecken. Dafür habe ich materielle und moralische Stimuli zur Verfügung. Materielle Stimuli in Form von Prämien — Jahresendprämien, Leistungsprämien, Qualitätsprämien, usw. – und moralische Stimuli in Form von Urkunden, Medaillen und anderen Auszeichnungen oder durch Nennung in unserer Kombinatszeitung."

„Gibt es in der DDR nicht eine Urkunden- und Medailleninflation?" frage ich.

„Nein! Unsere Werktätigen schätzen solche Anerkennungen für gute Leistungen sehr. Und als Ausdruck der Anerkennung durch das Kombinat halte ich sie nach wie vor für sehr wichtig."

Ich denke an die Mitglieder der Brigade Steinbrück. Ich sehe, wie der Kombinatsdirektor dem Schweißer Hildebrandt oder Becker oder Lemke oder dem Kranfahrer Großmann oder gar dem Brigadier Steinbrück eine Medaille überreicht. Ich kann mir nicht vorstellen, daß diese sachlichen Männer stolz auf Medaillen sind. Ich glaube, sie hätten viel lieber einen Tag frei, um im Garten zu arbeiten, zu angeln oder einfach mal lange schlafen zu können. Aber: Ich kann mich ja täuschen.

„Gibt es im Kombinat Gastarbeiter?" frage ich weiter.

„Gastarbeiter ist der falsche Ausdruck. Wir haben mit anderen sozialistischen Ländern einen guten Kontakt. Wir haben Lehrbrigaden aus Algerien. Die erlernen hier im Kombinat das Bauwesen. Das ist für Algerien sehr attraktiv. Wir bieten ja optimale Ausbildungsbedingungen."

„Wie wohnen diese ausländischen Arbeiter?"

„Sie wohnen, wie ihre DDR-Kollegen, in ganz normalen Wohnhäusern. Natürlich gibt es Anfangsschwierigkeiten. Das liegt schon an der Sprache. Die algerischen Arbeiter und natürlich auch alle anderen ausländischen Arbeiter haben die gleichen Rechte und Pflichten wie ihre DDR-Kollegen. Vom Kombinat berücksichtigen wir natürlich auch ihre nationalen Feiertage, und wir regen einen kulturellen Austausch an."

„Wie sehen Sie ihre konkrete Leiter-Funktion?"

„Täglicher Kontakt mit den Werktätigen ist wichtig. Ich besuche jeden Tag eine Baustelle und setze mich mit den konkreten Problemen auseinander. Erfahre ich von einer besonders guten Leistung eines Kollektivs, so fahre ich sofort zu diesem Kollektiv, um mich persönlich für diese Arbeitsleistung zu bedanken. Jedes halbe Jahr habe ich eine Aussprache mit den Kollektiven aus den Viererschichten. Die müssen sehr hart arbeiten. Wir sprechen über Arbeitsprobleme, aber auch persönliche Probleme. Die Werktätigen können immer mit mir sprechen. Ich setze mich mit ihren Problemen auseinander und mache dann Lösungsvorschläge."

Einer der Direktoren, die sich an diesem Gespräch beteiligen, ist Egon Reitz. Er ist Abteilungsdirektor für Arbeiterversorgung. Ihn lernen wir später bei einem Ausflug zu den Ferienbungalows des Kombinats kennen. Diese liegen in einem sehr schönen Waldgebiet, in der Nähe des thüringischen Dorfes Schmiedefeldt, zwei Autostunden von Erfurt

entfernt. Ob dieser Wald auch in Zukunft noch so schön ist, glaube ich kaum. Denn im Thüringer Wald wie auch im Erzgebirge — dem großen Grenzgebirge zur Tschechoslowakei — hat das große Bäumesterben begonnen. Auch im Sozialismus ist die Natur in Gefahr.

Egon Reitz ist noch nicht lange im Kombinat. Er war bis vor kurzem noch Oberstleutnant in der Volksarmee. Nun ist er in Pension gegangen, was beim Militär viel früher geschieht als im zivilen Leben. Egon Reitz macht überhaupt keinen militärischen Eindruck, erstaunlich, nach so vielen Dienstjahren in der Armee. Im Wohnungsbaukombinat hat er eine neue Aufgabe gefunden. Ich frage:

„Wie erlebten Sie den Übergang zum zivilen Leben?"

„Das ist mir nicht so schwer gefallen. Ich habe mich von vornherein darauf eingestellt, daß ich jetzt der Lernende bin, daß ich ‚kleine Brötchen backen muß'. Früher sprach ich immer sehr laut. Das brachte der Beruf mit sich, kann ich jetzt aber nicht mehr machen. Nur mit Befehlen komme ich hier nicht sehr weit. Die neuen Kollegen haben mir in meiner neuen Situation sehr geholfen. Meine jetzige Stellvertreterin hat mich mit viel Ruhe und Einsicht in das Fach eingeführt. Sie hätte mir ja sehr viele Schwierigkeiten machen können."

Er zeigt ein sehr ziviles Lachen, und ich denke: ein interessanter Mann!

Familie Großmann privat

Hans-Jürgen Großmann hat auch zu Hause von seinem Balkon den Blick von oben. Beim Bau des Wohnblocks, in dem er jetzt eine Fünf-Zimmer-Wohnung hat, hat er selbst geholfen. Noch ist der Blick nicht sehr schön. Wird man in diesem Vorort jemals von einem schönen Balkonausblick reden können? „Das wird schon werden!" meint Hans-Jürgen. „Wart' erst mal, bis alles fertig ist, der Rasen grün ist, die Zierbüsche gepflanzt sind, die Leute farbige Gardinen haben und auf den Balkonen Blumen blühen … das wird schon. Und übrigens kann man schon ganz froh sein, kein Haus vor der Nase und so einen Blick zu haben!"

Das meint auch die ganze Familie: die Ehefrau Waltraud, die älteste Tochter Ramona, der älteste Sohn Thomas, das meint Andreas und auch die Jüngste, Annette. Alle haben schon angefangen, sich wohl zu fühlen. Vielleicht nicht gerade wegen der Umgebung oder des Ausblicks, sondern vielleicht gerade wegen der schönen großen 5-Zimmer-Wohnung. Die Umgebung in ihrer alten Wohngegend finden alle schöner, aber keiner will zurück in die kleine Drei-Zimmer-Wohnung.

Es ist Samstag, und die Familie Großmann hat uns zum Kaffee eingeladen. Viele Gespräche und viel Kuchen und

Kaffee warten auf uns. Waltraud Großmann mit ihrem jüngsten Sohn Andreas. Waltraud wird in diesem Buch
Stellvertreterin spielen müssen für die
ganztägig arbeitende Mutter und Ehefrau in der DDR. Mit unserem Besuch in
Erfurt wird Waltraud eine ganz beson-
dere persönliche Geschichte verbinden.
Im Laufe des Frühjahrs haben sich Waltraud und Hans-Jürgen auf Anfrage des
Kombinatsdirektors Bendixen bereit erklärt, die Rolle der „Interview-Familie"
zu übernehmen. Keine leichte Rolle,
wie ich zugeben muß. Sie waren damit
einverstanden, zwei neugierige Menschen eine Zeitlang um sich herum zu
haben, die mit Tonbandgerät und Kamera arbeiten würden. Wenige Tage
vor unserer Ankunft bekam Waltraud

Schwierigkeiten mit ihren Vorderzäh-
nen. Hans-Jürgen schlug Alarm im
Kombinat. Waltraud konnte sofort zum
Kombinatszahnarzt kommen. Es mußte
ja etwas geschehen. Die beiden offiziellen Gäste würden ja zu Besuch kommen. Waltrauds echte, aber ach so
schmerzenden oberen Vorderzähne

wurden durch Stiftzähne ersetzt. Die „sozialistische Heldin" konnte nun optimistisch in die Kamera von Hasse lachen. Ohne Hasse und mich hätte sie so schnell keine Stiftzähne bekommen. Bei jedem Biß wird sich Waltraud deshalb an uns erinnern müssen.

Also, wie gesagt: Wir sind zum Kaffeetrinken eingeladen. Bei einer Tasse Kaffee wollen wir gemütlich über dies und das sprechen. Es werden viele Tassen Kaffee. Und wir essen uns durch Waltrauds Kuchenberg. Und weil es so gemütlich ist, wir uns soviel zu erzählen haben, sitzen wir auf einmal vor einem Abendessen mit viel Wurst, zu dem Bier und Schnaps gut schmecken. Die vier Kinder sind am Nachmittag mit da-

bei. Die beiden jüngeren gehen am Abend früh zu Bett. Ramona und Thomas bleiben auf, sind in ihren Zimmern und kommen ab und zu ins Wohnzimmer, wo wir diskutieren. Beim Kaffee saßen die Kinder an einem eigenen Tisch, denn am großen Tisch war nicht

genug Platz. Ramona versorgte die Geschwister. Sie holte Kuchen, füllte Kakao nach und sah zu, daß die beiden Jüngsten nicht zu wild waren. Die vier Kinder schienen sich gut zu verstehen. Ramonas Autorität wurde von den drei anderen offensichtlich akzeptiert. Ramona war auch wirklich sehr lieb zu ihren Geschwistern.

Ramona geht in die 9. Klasse der zehnklassigen allgemeinbildenden Polytechnischen Oberschule, in die POS, wie alle sagen. Ihre Lieblingsfächer sind Mathematik und Geographie:
„Aber in diesen beiden Fächern bin ich gar nicht so gut. In Mathematik habe ich 'ne 4. Mach's aber gern."
Weil Hasse und ich aus Schweden kommen und Ramona Geographie liebt, liegt es nahe, sie mal zu fragen, was sie über Schweden weiß:
„Ja, die Hauptstadt ist Stockholm ... Es hat 17 oder 20 Millionen Einwohner ..."
„Nein, nur 8 Millionen!" erkläre ich ihr.
„Ach, du großer Gott! Schweden ist ein Königreich. Ein junger König. Und er

hat die da aus München ... die Silvia."
Ich frage Ramona, ob sie mir mal ihre Schulbücher zeigen könnte. Ich blättere im Physikbuch. „Macht dir Physik Spaß?" frage ich. „Nee, nicht gerade!"
„Und Geschichte?" „Ja, doch. Interessant, wie die Menschen so gelebt haben. Und das mit Hitler kann man sich überhaupt nicht vorstellen!" Ich blättere im Geschichtsbuch. Ein Kapitel gibt eine sehr genaue Auskunft über Experimente mit Menschen während der Hitlerzeit. Ramona sieht, welches Kapitel ich lese, und meint dazu:
„Also, das gibt's nicht! Das ist so fürchterlich ... Unvorstellbar!"

Ich lese auch noch im Deutsch-Lesebuch. Im Literaturteil sind Gedichte und Lesestücke. Ich frage Ramona nach einigen Autoren und Titeln. Unter anderem nennt sie mir den Titel „Die Gewehre der Frau Carrar". Sie weiß aber nicht mehr, wer der Autor ist. „Kannst du den Inhalt erzählen?" frage ich und fühle mich fast schon wie ein Lehrer, der prüft, ob die Schülerin auch die Hausaufgaben gemacht hat.
„Ja, das Stück handelt von einer Frau. Die hat zwei Söhne. Die Frau hat Gewehre versteckt. Und da kommt ihr Bruder zu ihr. Der will die Gewehre haben. Die Frau ist nicht dafür. Sie ist nicht mit dem Krieg einverstanden. Im Dorf sind nun alle Leute gegen diese Frau, weil sie sozusagen rückständig ist. Die anderen wollen ja die Befreiung von den Unterdrückern, dem General Franco. Zum Schluß wird ihr Sohn er-

schossen, beim Fischen. Da gibt die Frau die Gewehre doch raus. Und so ist sie mit in den Kampf gezogen."

„Du erinnerst dich also nicht, wer das Stück geschrieben hat?" frage ich.

„Nein, ich komm' jetzt nicht darauf!" antwortet Ramona. „Bertolt Brecht!" sage ich. „Ja, natürlich!" lacht Ramona.

Ich werfe noch einen Blick ins Englisch-Buch.

„Ich kann nicht gut Englisch!" meint Ramona. Aber dann liest sie doch ein Stückchen vor:

„Liverpool lies on the north bank of the river Mercey. It is one of the largest cities in Great Britain, with 600 000 inhabitants."

„Ihr lest also viel über England ...?"

„Nein, nicht so viel. Meistens lernen wir etwas über Ost-Europa. Auf englisch."

Nun fragt Hans-Jürgen, wie denn Ramona gelesen habe. Ich sage, sie mache nur kleine Aussprachefehler. „Mensch! Das ist ja toll!" ruft der stolze und frohe Vater. Ramona freut sich über die Freude ihres Vaters und liest noch etwas auf russisch. Jede gelesene Zeile übersetzt sie uns. Waltraud hatte auch schon Russisch in der Schule: „Aber ist alles fort! Alles weg!" „Bei mir ist es noch nicht ganz so schlimm!" erklärt Hans-Jürgen. „Aber die Kenntnisse müßten mal erneuert werden, in einem Volkshochschulkurs oder so."

Ramona hat sich schon um eine Lehrstelle beworben. Das machen alle Schüler in der neunten Klasse der POS, wenn sie nach der Schule einen Beruf erlernen wollen. Im September werden immer die Lehrverträge abgeschlossen. Ramona will Verkäuferin werden, in einem Textilwarengeschäft. In den Sommerferien will sie in diesem Geschäft schon drei Wochen arbeiten. Ein Jahr bevor Ramona also die Schule verläßt, weiß sie schon, wo sie in Zukunft arbeiten wird. Das wissen alle Jugendlichen, die nicht weiter zur Schule gehen, sondern eine Berufsausbildung beginnen. Jugendarbeitslosigkeit gibt es eigentlich nicht in der DDR. Natürlich können nicht alle den Beruf wählen, in dem sie am liebsten tätig wären. In der Stadt Erfurt können allerdings 80 % der Jugendlichen ihren Wunschberuf lernen, 20 % müssen alternativ wählen, mit Hilfe von Eltern und der Berufsberatung der Schule.

„Denkst du schon an Liebe?"

Diese Frage wage ich der 15jährigen kaum zu stellen. Aber unter ihren Büchern fand ich ein Buch mit diesem Titel. Sie hat es von ihren Eltern bekommen, die es für wichtig hielten, Ramona mit diesem Buch aufzuklären. Ramona hat dieses gut geschriebene und interessant illustrierte Buch genau gelesen. Sie blättert ungeniert verschiedene Seiten auf. Hasse und ich erkennen sofort Bilder des berühmten schwedischen Fotografen Lennart Nilsson, der mit Hilfe der Kamera das Mysterium „Leben" erforscht.

Ramona wird aufgeklärt in eine Gesellschaft hineinwachsen, die der Frau

Heinrich Brückner

Denkst du schon an LIEBE?

auch in der Praxis die gleichen Rechte gibt, jedenfalls in den meisten Bereichen. Für gleiche Arbeit bekommt sie den gleichen Lohn wie Männer. Sie wird die gleichen Berufsmöglichkeiten, die gleichen Weiterbildungsmöglichkeiten haben. Sie hat das Recht auf Schwangerschaftsabbruch. Wird Ramona mal Mutter, so kann sie, wenn sie will, weiterarbeiten. Ramona hat nun einen typischen Frauenberuf gewählt. Sie hätte auch einen typischen Männerberuf haben können. In der DDR arbeiten immer mehr Frauen in Berufen, in denen es früher fast nur Männer gab. Aber die Emanzipation der Frau ist noch lange nicht abgeschlossen. Im Parteiapparat und in der Gewerkschaft haben noch immer die Männer die wichtigen Posten. Auch hat der Durchschnittsmann der DDR immer noch seine alten Privilegien.

Den Mengen von Kuchen folgten gegen sieben Uhr Mengen von Wurst und Schinken. Es wird gut gegessen in der DDR. Und viel! Zuerst waren Waltraud

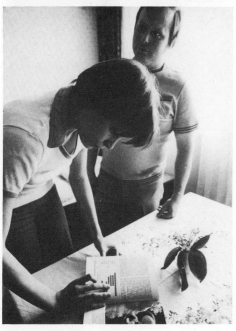

und Ramona in der Küche. Der Kleine wird noch lernen müssen, in der Küche zu helfen, anstatt der Mutter und Schwester bei der Küchenarbeit nur zuzusehen. Hans-Jürgen spricht in der Zwischenzeit mit uns, geht aber doch ab und zu in die Küche und hilft, wie hier, als Waltraud die Mayonnaisetube nicht öffnen kann. Der Kleine freut sich, so einen starken Vater zu haben, der auch noch schöne Mayonnaisenkringel auf den Teller drücken kann. „Bist du oft mit in der Küche?" frage ich. „Nicht so viel wie Waltraud. Aber trotzdem, ich helfe doch öfters mit."

Annettchen im Bade, vor dem Schlafengehen. Sie findet es spannend, von Hasse fotografiert zu werden. Nach

dem Abendessen ohne Widerspruch ins Bett. Es muß geschlafen werden. Morgen, am Sonntag, wollen wir alle zusammen einen Ausflug ins Grüne machen.

Andreas ist schon ein Stückchen weiter. Schnell noch die Schlafanzughose richtig hochziehen und dann ins Bett. An-

nette wird wenige Minuten später die Leiter zu ihrem Bett hochklettern, den Teddybär in den Arm nehmen und beim Fotografieren so tun, als ob sie schon lange schliefe. Geben wir diesen beiden Erfurter Kindern eine Strophe aus Bertolt Brechts „Kinderhymne" mit in den Schlaf:

Anmut sparet nicht noch Mühe,
Leidenschaft nicht noch Verstand,
Daß ein gutes Deutschland blühe
Wie ein andres gutes Land.

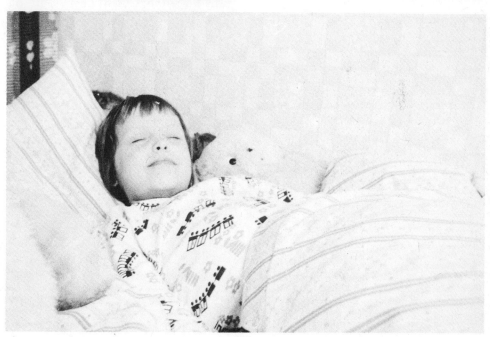

Und während die Kleinen schon schlafen, den sonntäglichen Ausflug vielleicht schon im Traum erleben, macht Ramona noch Küchendienst, spült und räumt das gespülte Geschirr wieder in die Schränke und macht die Küche zu einer Musterküche. Dann kommt sie wieder ins Wohnzimmer und nimmt an unseren Gesprächen teil.

Hans-Jürgen und Waltraud sind im Grunde zwei untypische DDR-Bürger. Sie haben vier Kinder, die meisten Familien der DDR nur ein oder höchstens zwei Kinder. Seit 1964 gehen auch in der DDR die Geburtenziffern zurück. Das wird damit zusammenhängen, daß so viele Frauen ganztägig arbeiten. Natürlich spielt auch der materielle Lebensstandard eine Rolle, den man erst

einmal ohne Kinder erreichen will. Psychische Faktoren und rein politische Faktoren spielen sicherlich auch negativ mit. Denn auch die DDR-Bürger leben auf diesem sehr unsicheren Planeten.

Nach dem Abendessen sitzen wir gemütlich zusammen, und Waltraud und Hans-Jürgen erzählen über sich, die Kinder, ihr Familienleben und den Alltag in der DDR. Hans-Jürgen verdient in der Normalschicht bei monatlich 15–20 Überstunden 940 Mark. Davon bezahlt er 5 Mark Lebensversicherung und eine Zusatzversicherung von 10% der Summe, die über 600 Mark liegt. Die gleiche Summe muß auch das Kombinat für Hans-Jürgen einzahlen. Daneben bezahlt er um die 60 Mark (!) Steuern. Insgesamt bekommt Hans-Jürgen 840 Mark in die Hand. Waltraud ist Küchenangestellte in einer Großküche der Reichsbahn. Für ihre ganztägige Arbeit bekommt sie allerdings nur 450 Mark, und sie sagt deutlich: „Für diese Arbeit ist das zuwenig Geld. Wenn man das mal richtig sieht. Aber es soll besser werden."

Zusammen verdienen die beiden um die 1.300 Mark im Monat. Hinzu kommt bei Hans-Jürgen eine Jahresendprämie von durchschnittlich 1.200 Mark. Waltraud hat die Hälfte. Die Jahresendprämie kann man sozusagen als 13. Monatsgehalt sehen. 1.300 Mark im Monat, für sechs Personen. Zu wenig? „Aber", sagt Hans-Jürgen, „wirtschaftlich haben wir keine Sorgen!" „Das mußt du mir mal vorrechnen!", sage ich erstaunt.

„Ja, paß auf: Wir haben ein Kindergeld von monatlich 150 Mark. Dann bezahlen wir eine Miete von 19,50 Mark!"

„Wie bitte?" flüstere ich. „Das muß ich schwarz auf weiß sehen!"

„Ramona, sei so lieb und hol' den Ordner aus dem Wohnzimmerschrank."

Und Ramona holt den Ordner, das Finanzbuch der Familie, und da lese ich wirklich: 19,50 Mark! „Ist das eine normale Miete?"

„Nein! Die normale Miete wäre 128 Mark. Als kinderreiche Familie bekommen wir von der Stadt Erfurt einen Mieterlaß von 109,50 Mark."

„Nicht schlecht", sage ich.

Waltraud ergänzt: „Und das ist nicht das Einzige, was wir als kinderreiche Familie bekommen. Wir bekommen im Jahr einen Zuschuß von 250 Mark für Kinderkleidung, 150 Mark für die Bettwäsche der Kinder. Gutscheine für Schuhreparaturen für die ganze Familie. Und dann monatlich 12 Mark für Dienstleistungen. Die chemische Reinigung kostet uns überhaupt nichts."

Hasse wird blaß und blässer. Er hat drei Kinder und weiß, was drei Kinder und zwei Erwachsene in Schweden kosten. Hans-Jürgen bezahlt für sein Mittagessen im Betrieb eine Mark. Waltrauds Essen ist kostenlos. Auch für die Kinder kostet das Essen in Schule und Kindergarten nichts. Für Annettes Kindergarten bezahlt die Familie 9,50 Mark im Monat.

Waltraud fügt hinzu: „Eigentlich kochen wir nur am Wochenende! Aber auch an den Wochenenden gehen wir oft draußen essen! Das ist so billig in den Restaurants. Da lohnt es sich kaum, selbst zu kochen."

Hans-Jürgen erzählt uns dann noch, daß er Arbeitskleider kostenlos bekommt. Waltraud hat viele Fahrvergünstigungen bei der Reichsbahn, nicht nur für sich, sondern für die ganze Familie. Und plötzlich verstehen wir Hans-Jürgen, als er sagte: „Wirtschaftlich haben wir keine Sorgen." „Wir können auch noch etwas sparen!" schließt Waltraud das Gespräch über die Familienfinanzen ab.

Hans-Jürgen erzählt uns an diesem Abend über seine Reise in die Mongolei. Das war im Jahre 1966. Er arbeitete mit einer Jugendbrigade in Ulan-Bator, der Hauptstadt der Mongolei. Die Reise ging über Moskau, wo man vier Tage Zeit hatte, die sowjetische Hauptstadt kennenzulernen:

„Dann ging's ab in die Mongolei. Stellt euch vor: Die ist 16 mal so groß wie die DDR. Wir waren die erste Freundschaftsbrigade aus der DDR. Ulan-Bator liegt 1.000 m über dem Meeresspiegel. Auf einer Hochebene. Aus den Flüssen konnte man trinken. Da ist es nur ein Vierteljahr grün. Anfang Juni ist Frühjahr. Im September fangen dort die Sand- und Schneestürme an. Am Ende unseres Aufenthaltes fuhren wir mit dem Bus durchs Land. Bis zur Wüste Gobi. Das war ein herrliches Erlebnis. Ich habe heute noch Kontakt mit Kollegen, die auch in der Mongolei waren. Aber es war auch schwierig, so lange von der Familie weg zu sein."

Hasse und ich hören gerne zu. Denn wann hört man schon mal etwas aus der Mongolei. Hans-Jürgen zeigt uns dann noch eine Menge von Ansichtskarten und Bilder von seinen drei Moskaureisen. Bei einer war auch Waltraud dabei. Sie erzählt: „In Moskau haben wir auch bayerische Weißwurst gegessen. In Moskau! Hier in Erfurt gibt's die nicht." Und Hans-Jürgen lacht.

Ich frage die beiden, ob sie gerne mal in die Bundesrepublik oder in andere westliche Länder fahren würden. „Ja, gerne!" sagen beide sofort. „Wir würden gerne mal Verwandte in der Bundesrepublik besuchen. Mal gucken, wie es dort aussieht!" „Ich würde gerne mal nach Nordschweden! In die Wälder!" schwärmt Hans-Jürgen. „Aber man kann ja nicht alles haben. Bin ja doch schon ziemlich viel gereist!" meint er. „Glaubt ihr, daß ihr noch vor dem Rentenalter eure Verwandten in der Bundesrepublik besuchen könnt?" frage ich. „Passiert noch! Ganz bestimmt!" antwortet Hans-Jürgen. Er ist Optimist.

Gegen 11 Uhr brechen Hasse und ich auf. Von dem angebotenen Schnaps durfte ich nichts trinken. Denn in der DDR liegt die Alkohol-Promille-Grenze bei „0". Reinen Blutes und reinen Gewissens steuere ich meinen Landrover zum Interhotel „Erfurter Hof".
Am nächsten Morgen treffen wir uns alle zu einem Sonntagsausflug in den Thüringer Wald. Das Kombinat stellte einen kleinen Transportbus für die Familie Großmann bereit. Wir besuchen zuerst einen Freund von Hans-Jürgen. Er und Hans-Jürgen bauen zusammen ein mobiles Sommerhaus. Dann fahren wir weiter an eine Talsperre, wo die

sechs Großmanns schon oft Urlaub gemacht haben. Dort soll auch die kleine „Mobildatscha" ihren Platz finden. Datschen − so nennt man in der DDR kleine Wochenendhäuser − sind ja nicht nur in ihrem Ursprungsland, der UdSSR, beliebt, sondern zunehmend

auch in der DDR. Man kann fast von einem Datschenfieber sprechen. Sie werden in der Freizeit gebaut. Freunde helfen einander. Handwerker arbeiten schwarz und haben dadurch einen ganz schönen Nebenverdienst. Die Konstruktion von Hans-Jürgen und seinem Freund erinnert teils an einen Wohnwagen, teils an eine Datscha. Der von mir verwendete Name „Mobildatscha" trifft die Konstruktion ganz gut. Viele DDR-Bürger haben sich einen Wohnwagen gekauft. Wenn nicht Datscha, so doch ein Ersatz auf Rädern. Prestigedenken gibt es auch in der DDR. Man ist auch hier stolz auf den Besitz in Form von Haus, Datscha, Auto, Wohnwagen.

Die Großküche der Reichsbahn: der Arbeitsplatz von Waltraud Großmann

Nicht weit entfernt von unserem Interhotel arbeitet Waltraud in der Großküche der Reichsbahn. Sie und ihre Kolleginnen sorgen dafür, daß die Reichsbahnarbeiter Tag und Nacht etwas zu essen bekommen können. Waltraud beschreibt ihre Arbeitsaufgaben:
„Ich mache die Kessel fertig, bereite das Essen mit vor. Wir versorgen von hier die Außendienststellen. Wir bereiten das Essen für die Schichten vor. Wenn gekocht und verteilt ist, machen wir die Kessel wieder leer und sauber. Dann wird für den nächsten Tag noch Obst vorbereitet. Ja, und dann machen wir alle die Küche sauber. Und so um 14.30 Uhr ist dann für den größten Teil auch schon Feierabend. Hier in die Küche kommt keine neue Schicht. Aber in der Versorgung wird rund um die Uhr gearbeitet. In vier Schichten."
„Nennt ihr euch hier auch Brigade?" frage ich.
„Ja, das ist eine ganze Brigade."
„Was ist typisch für eine Brigade?" will ich wissen.
„Kameradschaftlichkeit. In der Arbeit. Auch privat. Wir machen Fahrten zusammen oder Brigadenachmittage. Wir führen ein Brigadetagebuch. Zu Weihnachten machen wir immer eine kleinere Weihnachtsfeier, ganz unter uns. Wir besuchen zusammen Buchlesungen und gehen auch mal ins Kino oder Theater zusammen."
Waltraud sagt noch ganz unbekümmert Weihnachten und Weihnachtsfeier, so wie alle es sagen. Aber von offizieller Seite schlug man anstatt „Weihnachtsfeier" das Wort „Jahresendfeier" vor. Weihnachtsfeier klang den puritani-

schen Ideologen nun doch zu unatheistisch. Sie gingen sogar in ihrer Phantasielosigkeit noch weiter: Die in der ganzen DDR beliebte Weihnachtsfigur „Bergmann mit Engel" nennen sie „Jahresendfigur mit Mann". Das Volk lacht. Und hoffentlich lernen die Sprachreiniger aus dem Lachen des Volkes.

Ich frage Waltraud, ob Hans-Jürgen und die Männer ihrer Kolleginnen auch mal an den Brigadefeiern teilnehmen.
„Nein, Hans-Jürgen ist dann lieber zu Hause. Der betreut die Kinder. Einer muß ja Babysitter spielen. Das ist auch ganz schön so. Dann kann ich mich mit meinen Kolleginnen mal richtig austoben."

„Wie ist das Verhältnis zur Arbeitsleitung?" frage ich.
„Das ist gut. Wir arbeiten sehr gut zusammen. Wir kommen aber auch ab und zu mit Verbesserungsvorschlägen. Also, was man besser machen könnte oder wie man den Plan noch steigern könnte."
„Wie ist es, ganztägig zu arbeiten, aber auch Ehefrau und Mutter von vier Kindern zu sein?" möchte ich wissen.
„Ja, das geht. Ich kann mich nicht beklagen. Ich bekomme ja auch viel Unterstützung. Vom Betrieb. Von der Brigade. Wenn mal ein Kind krank ist und ich zu Hause bleiben muß, dann arbeiten die Kolleginnen für mich mit. Wir sind Kollegen, die zusammenhalten."

Ich gehe mit meinem Tonbandgerät zu einer Kollegin von Waltraud, zu der Beiköchin Frau Greuer:

„Also, ich muß auch sagen, wir sind eine höfliche, vernünftige, gut organisierte Brigade. Ein bißchen älter schon. Wir arbeiten seit sechs Jahren zusammen. Was die Kollegin Großmann über die Kinder sagt, das trifft für mich auch zu. Ich habe drei Kinder. Die Kolleginnen haben mir da auch oft geholfen, wenn ich zu Hause gebraucht wurde. Die Kinder gehen jetzt in die Schule. Meine Kleine ist Gruppenratsvorsitzende. Der Junge geht in die 10. Klasse. Will auf die Offiziersschule. Dann habe ich noch ein Mädchen. Sie will Wirtschaftskaufmann werden. Ist in der Lehre. Wohnt in einem Internat. Kriegt 100 Mark Lehrgeld den Monat. Also, ich bin zufrieden."

Ich spreche nun mit Herrn Hauptfleisch, Stellvertreter des Leiters der Dienststelle. Er ist einer der 45 Männer der insgesamt 175 Beschäftigten dieser Versorgungsdienststelle.

„Herr Hauptfleisch, diese Küche hier ist nicht mehr die jüngste!" beginne ich unser Gespräch.

„Nein, da haben Sie recht. Sie steht schon seit 30 Jahren. Sie ist altmodisch, und unsere Frauen müssen körperlich sehr hart arbeiten. Viele Arbeitsgänge sind nicht mechanisiert. In drei Jahren bekommen wir eine neue Küche; das wird die Arbeit, da sind wir sicher, insgesamt erleichtern."

Die Leiterin der Dienststelle

Die verantwortliche Leiterin der Dienststelle für Betreuung und Versorgung ist Frau Fischer. Sie erzählt uns:
„Ich bin noch nicht sehr lange Leiterin. Es macht mir sehr viel Spaß. Vielleicht weil's eben mehr oder weniger ein Frauenbetrieb ist. Wir haben ja fünf Kantinen, die rund um die Uhr besetzt sind. Unsere Frauen arbeiten in der Früh-, Spät- und Nachtschicht. Sonnabends und sonntags und an allen Feiertagen. Das bedeutet sehr viel für die Familien."
„Wie ist Ihr persönlicher Lebensweg?"
„Ich habe 1958 bei der Eisenbahn begonnen. Als Lehrling. Habe mich so allmählich weiterqualifiziert. Bin dann zum Ingenieurstudium delegiert worden, von 1968 bis 1971. Habe auch ein Jahr Parteischule absolviert."
„Ist die Parteischule Pflicht bei leitenden Funktionen?"
„Ja. Aber es war mir auch ein Bedürfnis. Ich trat nämlich 1968 in die Partei ein. Und da wollte ich mich auch politisch weiterbilden."
„Was bedeutet ‚Sozialismus' praktisch für diesen Arbeitsplatz?"
„Hier würde ich an erster Stelle die Gleichberechtigung der Frau nennen. Hier herrscht wirklich das Prinzip gleicher Lohn für gleiche Arbeit. Ich finde, wir sind hier in dieser Richtung weit gekommen. In dieser Frauenstelle macht das wirklich Spaß zu sehen, wie das jeder akzeptiert. Der Staat hat ja vieles getan zur Gleichberechtigung der Frau. Wichtig ist auch, daß die Qualifizierung der Frau heute viel mehr im Vordergrund steht als vor Jahren. Jetzt haben die meisten Facharbeiterabschluß."
„Wie erklären Sie sich die vielen Scheidungen in der DDR?"
„Früher mußte die Frau auf das Geld des Mannes warten. Sie war finanziell abhängig. Heute ist das nicht mehr so. Sie ist gleichberechtigt. Sie bringt ihr eigenes Geld mit nach Hause. Das hat ihre Situation verändert. Vielleicht ist der Mann noch nicht so weit, um diese Änderungen richtig zu begreifen. Die Arbeit zu Hause kann ja unmöglich nur von der Frau getan werden. Die müssen beide machen. Da gibt es in manchen Familien noch Schwierigkeiten."
Wir verabschieden uns von dem Stück Arbeitswirklichkeit, in der Waltraud jeden Tag ist, wir aber nur zufällige Gäste sind. Die Küche ist übrigens planmäßig erneuert worden, und Waltraud hat sich nach unserem Besuch zur Köchin weiterqualifiziert.

Erziehung im Kindergarten

Die kleine sechsjährige Annette verläßt morgens um halb sieben mit Hans-Jürgen das Haus. Sie hat ihren eigenen Arbeitsplatz: den Kindergarten. Waltraud holt sie nachmittags um drei Uhr nach Feierabend ab. Die Kleine ist also ge-

nauso viele Stunden außer Haus wie ihre Mutter. Wie sieht nun ein normaler Kindergarten aus? Wir fragen Annettes Erzieherin, Fräulein Schwager:
„Die Kinder frühstücken zuerst. Dann machen wir zwei sogenannte Beschäftigungen. Dann haben wir das Rollenspiel. Das dauert eine ganze Stunde. Da spielen die Kinder in verschiedenen Spielgruppen. Dann gehen wir raus. Aufenthalt im Freien. Dann essen wir zu Mittag. Danach schlafen die Kinder. Am Nachmittag wird noch einmal Kaffee getrunken. Je nach Wetter: Spiele drinnen oder draußen. Mehr individuell."
„Wie sieht Ihre Ausbildung aus, Fräulein Schwager?"

„Ja, zuerst die Zehnklassenschule. Dann war ich zwei Jahre in Gotha an der Kindergärtnerinnenschule. Bin jetzt seit einem Jahr hier Gruppenerzieherin."

„Gibt es einen Plan, nach dem Sie arbeiten?"

„Ja, wir haben einen einheitlichen Erziehungsplan. Der gilt in der ganzen DDR. Dieser Plan ist in einzelne Sachgebiete unterteilt. In: Mengenlehre, Kinderliteratur, Bekanntmachung mit dem Gesellschaftsleben, Musik, Sport, Natur, Muttersprache, Malen (Zeichnen, Formen, Bauen) und Gesundheitserziehung."

„Wo lag der Schwerpunkt bei Ihrer Ausbildung?"

„Die Schwerpunkte lagen zuerst einmal direkt im Pädagogikunterricht. Dann zum Teil im Fach Marxismus-Leninismus und auch speziell im Fach: Bekanntmachung mit dem gesellschaftlichen Leben."

Wir nehmen an zwei Beschäftigungen teil. Zuerst im Sachgebiet „Mengenlehre", dann im Sachgebiet „Kinderliteratur". Fräulein Schwager spricht sehr deutlich, trägt eine weiße Schürze. Sie hört aufmerksam zu, was die Kinder sagen. Fordert Ruhe und Ordnung. Man merkt es, sie hat die Kinder gern, und die Kinder haben sie gern. Die Kinder lernen im Sachgebiet „Mengenlehre" schon richtig mit Mengen zu operieren, sie zu erfassen, Quantitäten zu erkennen. Es wird deutlich: Der Kindergarten ist Vorschule. Im Sachgebiet „Kinderliteratur" arbeitet sie mit den Kindern an einer Geschichte aus einem Buch. Sie handelt von der „tapferen Christine". Christine rettet durch schnelles, überlegtes, mutiges und unegoistisches Verhalten ein Schwalbennest in einer Ruinenwand, die gesprengt werden soll. Es ist eine sehr moralische Geschichte. Christine ist Vorbild. Und Fräulein Schwager und die Kinder arbeiten die positiven Züge der kleinen Christine heraus.

Nach jeder der beiden Beschäftigungen faßt Fräulein Schwager ihre Eindrücke zusammen. Bei der „Kinderliteratur" hört sich das so an:

„Ich habe mich heute gefreut über den Enrico Schmidt. Der hat heute ganz pri

ma mitgemacht. Darüber habe ich mich sehr gefreut. Auch über den Kay und die Annette und über den Thomas. Torsten, das nächste Mal meldest du dich, verstanden ... und dann bleibst du auch schön ruhig auf deinem Stuhl sitzen."

Diese positive und auch negative Kritik und Wertung, das Lob und der Tadel, sind Prinzipien der gesamten Erziehung in der DDR. Ein Systemprinzip, das es im gesamten gesellschaftlichen Leben der DDR gibt. Man will dadurch sozialistische Persönlichkeiten herausbilden und zur Leistung motivieren. Die Pädagogik von Fräulein Schwager und die Menschenführung des Kombinatsdirektors Bendixen muß man zusammensehen. Von der Kinderkrippe über den Kindergarten, die POS, die Erweiterte Oberschule, die Berufsschule bis zum Arbeitsplatz zieht sich ein roter pädagogischer Faden. Das sozialistische Erziehungssystem zeichnet sich durch Einheitlichkeit aus.

Ich frage später Hans-Jürgen, was er und Waltraud über den Kindergarten denken:

„Annette fühlt sich sehr wohl im Kindergarten. Die Erzieherin, Fräulein Schwager, sagt, daß Annette ein richtiges Kindergartenkind ist. Sie spricht ja auch zu Hause dauernd von Fräulein Schwager. Du glaubst gar nicht, wie oft wir hören: ,Das hat Fräulein Schwager gesagt!' Wir finden es gut, daß die Kinder nicht total verspielt in die Schule kommen."

Berufliche Ausbildung und Fortbildung in der Betriebsakademie

Wir waren nicht in Ramonas und Thomas' Schule. Uns interessierte vielmehr ein anderer Schultyp, nämlich die Berufsschule des Wohnungsbaukombinats, die gar nicht Berufsschule, sondern „Betriebsakademie" heißt. Die Schule hat einen eigenen Rektor. Der Kombinatsdirektor ist aber letztlich auch für die Betriebsakademie verantwortlich. In der Betriebsakademie werden alle Lehrlinge des Kombinats ausgebildet. 800 Lehrlinge bekommen dort eine zweieinhalbjährige Ausbildung: Theorie im Klassenzimmer, Praxis an Lehrbaustellen und in Lehrwerkstätten. Die Betriebsakademie ist auch für die gesamte Erwachsenenbildung verantwortlich. Unser Taktstraßenleiter Günter Peters muß hier jedes Jahr eine Woche auf die Schulbank, Fächer: Menschenführung und Bautechnik. Unser Brigadier muß fünfmal im Jahr einen Tag auf die Betriebsakademie. Er muß sich weiterbilden im Baufach und in der sozialistischen Führung von Menschen.

Die Betriebsakademie des VE Wohnungsbaukombinats Erfurt hat noch eine andere wichtige Aufgabe: 10 Polytechnische Oberschulen (POS) haben dort ihren Tag in der Produktion. Alle Klassen in den Schuljahren 7—10 müssen in der DDR nämlich einmal in der Woche einen Tag in die Produktion.

Wir besuchen eine achte Klasse, die gerade ihren Produktionstag hat. Im sogenannten polytechnischen Kabinett arbeiten die Schüler an verschiedenen Maschinen. Ich frage den Lehrmeister, Herrn König, was die Schüler hier lernen:

„Die Schüler lernen die verschiedenen Maschinen kennen. Hier sind es Handbohrmaschinen. Es handelt sich noch um leichte Maschinenarbeiten. Es muß auch mit den Händen nachgearbeitet werden. Die Schüler lernen Arbeitsprozesse zu überblicken und auch durchzuführen. In einem Schuljahr durchlaufen sie alle Arbeitsgänge."

Ich gehe mal mit meinem Tonbandgerät herum und stelle verschiedenen Schülern Fragen. Zum Beispiel einer Schülerin:

„Wie findest du das, als Mädchen hier in der Werkstatt zu arbeiten, sich schmutzig zu machen ...?"

„Ach, so schlimm ist das gar nicht. Es macht mir eigentlich Spaß. Ich bin gerne hier. Das ist sogar besser als in der

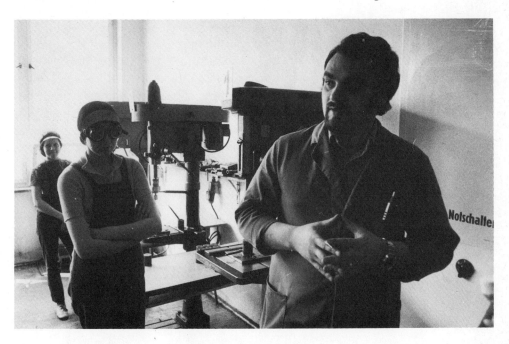

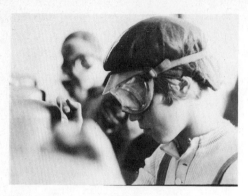

Schule. Hier sitzt man nicht nur herum. Hier muß man ja was machen."

„Was willst du mal werden?"

„Facharbeiterin für Nachrichtentechnik."

Ich gehe weiter zu einem Jungen und frage, was die Jungen so über die technische Arbeit der Mädchen denken:

„Die machen ja die gleiche Arbeit wie wir. Wir müssen ja alle an die gleichen Maschinen. Die Mädchen sind vielleicht geschickter mit den Händen. Die haben irgendwie mehr Gefühl bei den Maschinen."

„Wie lange arbeitet ihr hier an den Maschinen?"

„Vier Stunden. Dann haben wir zwei kleine Pausen und eine große von 30 Minuten."

„Was lernst du hier?"

„Ich lerne hier etwas für meinen späteren Beruf. Wir werden darauf vorbereitet. Die Dinge, die wir hier machen, die werden ja gebraucht. Das sind wichtige Teile für das Kombinat und für andere."

Ich wende mich noch einmal an den Lehrmeister; Herr König sagt:

„Die Schüler machen eine sinnvolle Arbeit, sie arbeiten für die Konsumgüterproduktion. Sie machen Weihnachtsbaumständer. Die Schüler der 7. Klasse arbeiten direkt in der Produktion im Wohnungsbaukombinat. Sie produzieren Winkel. Es handelt sich hier also um eine komplette Produktion. Die Schüler sollen hier aber vor allem lernen, plan-

mäßig Arbeiten durchzuführen. Das ist ein Lernprozeß. Das ist wichtig für das spätere Berufsleben, unabhängig, welcher Beruf das jetzt ist. Hier an der Tafel führen wir genau Buch. Die Schüler können ablesen, wieviel sie produziert haben, wie viele Stücke qualitativ nicht gut genug sind. Sie können ihre eigene Produktion auch mit anderen Klassen vergleichen. Alle diese Fakten helfen dann bei der Auswertung. Die ist sehr wichtig. Die Schüler lernen die Ursachen der Fehler kennen."

Bei den letzten Sätzen erinnere ich mich an Fräulein Schwager. Sie machte ja eine genaue Analyse am Ende der beiden Beschäftigungen. Hier in der Betriebsakademie geschieht Ähnliches. Und unser Brigadier Willy Steinbrück wertete ja, wie wir uns erinnern, auf seine Weise:
„Da wird ganz offen die Meinung gesagt. Da nimmt keiner ein Blatt vor den Mund. So wie es richtig ist."
Wir wollen noch in der Betriebsakademie bleiben und einen Blick auf die berufliche Weiterbildung werfen. „Qualifizierung, qualifizieren, Qualifikation" sind ja in der Erwachsenenbildung der DDR oft gebrauchte Wörter. Wir treffen den Montagearbeiter Arnold Pitze:
„Ich arbeite in der Brigade Scholz. In der Montage der Hochhäuser. Ich bin hier auf dem Schweißerlehrgang. Der dauert acht Wochen, eine Woche theoretisch und sieben Wochen praktisch. Dann gehe ich wieder in die Brigade zurück, als Schweißer in der Montage."

„Warum machen Sie diesen Lehrgang?"
„Das kann für jeden nur ein Vorteil sein, einen zweiten Beruf zu haben oder etwas zu lernen, um später einmal weiterzukommen. Finanziell sieht man das ja auch. Man verdient mehr Geld. Man kommt in eine andere Lohngruppe."
„Wie beurteilen Sie die Lehrer hier?"
„Die sind eigentlich ganz gut. Sie erklären deutlich. Man versteht wirklich, was sie wollen. Ist ja nicht leicht, nach 12 Jahren wieder in die Schule zu gehen."
„Bekommen Sie während des Lehrgangs vollen Lohn?"
„Den vollen Grundlohn, aber natürlich keine Montagezuschläge und Nachtschichtzuschläge. Die fallen weg."
Ich wende mich an Dieter Schopp. Er ist auf der Betriebsakademie, um Meister im Tiefbau zu werden. Er hat gerade die theoretische Prüfung mit „gut" bestanden. Er muß jetzt ein Vierteljahr direkt auf die Baustelle. Ich frage ihn, was die Ausbildung für ihn bedeutet:
„Rein persönlich merke ich nun, daß ich viele Dinge mit größerem Selbstbewußtsein machen kann. Das fachliche

Wissen ist größer geworden. Man sieht etwas mehr in die Breite, denkt mehr an das Gesamtziel, für den Betrieb, für die ganze Volkswirtschaft."

Von Dieter Schopp zu Monika Scholz. Sie macht in der Betriebsakademie ein Ingenieurstudium. Diese Ausbildung dauert viereinhalb Jahre, und sie ist im vierten Studienjahr. Im Kombinat ist sie als Teile-Konstrukteur tätig. Jeden Freitag hat sie in der Betriebsakademie von 7.30 Uhr bis 16 Uhr Unterricht und je-

den Samstag von 7 Uhr bis 12 Uhr. Der Freitag wird vom Betrieb voll bezahlt. Ich frage Monika Scholz, wie viele Abende sie noch zu Hause für ihr Studium arbeiten muß:

„Das ist schwer zu sagen. Wenig ist das nicht. Vielleicht 10−15 Stunden."

„Haben Sie Familie?"

„Ja, ich bin verheiratet und habe einen Sohn."

„Und wie klappt das so mit Studium, Mann und Sohn?"

„Ach ja, das erste Jahr war schon schwer. Bis man sich so an den neuen Rhythmus gewöhnt hatte. Jetzt klappt es ganz gut. Mein Mann ist voll einverstanden. Wir helfen uns gegenseitig."

Die Stadt Erfurt

Nach einigen Gesprächen mit dem Direktor der Schule und dem Leiter für Aus- und Weiterbildung verlassen wir ein Gebäude, das für Jugendliche und Erwachsene viele Aktivitäten bietet. Hier wird für die Zukunft geplant und ausgebildet. Fachwissen wird vertieft und erweitert. Neue Berufe werden erlernt, Arbeitsleiter, die sogenannten Leitkader, werden in fachlichen Fragen und Leitungsfragen weitergebildet. Die Direktoren gehen nicht zur Betriebsakademie. Sie müssen alle zwei Jahre einen Vier-Wochen-Kurs in Leipzig machen. Ausbildung wird in der DDR sehr, sehr ernst genommen, ob im Kindergarten oder wie hier in der Betriebsakademie.

Wir haben bisher einige der ungefähr 200 000 Bürger der 1200 Jahre alten Stadt Erfurt kennengelernt. Sie leben in einer Stadt, die voll von Geschichte ist. Die ehemalige große und berühmte Universitäts- und Handelsstadt Erfurt entwickelte sich ab 1850 unter preußischer Macht zu einer wichtigen Industriestadt mit großen Fabriken. Erfurt hatte plötzlich eine große Arbeiterschaft, ein Proletariat. Erfurt wurde eine „rote" Stadt. Bismarcks sogenannte Sozialistengesetze, die sozialdemokratische Versammlungen und Publikationen verboten, trafen Erfurter Arbeiter hart. 1890, nach der Aufhebung des Verbots, wurde die Sozialdemokratische Partei Deutschlands gegründet. Schon ein Jahr später verlegte die sozialdemokratische Partei ihren Parteitag nach Erfurt, und es entstand dort das berühmte „Erfurter Programm".

Erfurt ist auch heute noch eine wichtige Industriestadt. Neben den großen Wohnungsbaukombinaten gibt es ein Schuhkombinat. In anderen Kombinaten werden Büromaschinen, Rechenmaschinen und funktechnische Anlagen hergestellt.

Aber Erfurt ist nicht nur Industriestadt. Es ist auch die „Blumenstadt" der DDR. Es gibt viele gärtnerische Großbetriebe. Jährlich findet eine internationale Gartenbau-Ausstellung (Iga) in Erfurt statt. Erfurt hat einen sehr schönen alten Stadtkern. Die engen Gassen, die Fach-

werkhäuser, der Dom, die Häuser aus der Renaissance-Zeit sind Zeugen der Geschichte. Es wird viel renoviert und restauriert. Die Stadt spart hier nicht. Sie möchte das alte Stadtbild erhalten. Eine große Fußgängerzone entsteht. Einziges Verkehrsmittel ist die Straßenbahn.

Viele Häuser der Innenstadt sind allerdings auch sehr renovierungsbedürftig. Die Fassaden haben ein halbes Jahrhundert keinen Anstrich mehr bekommen. Sie sind grau-schwarz und schreien nach Pinsel und Farbe. Sie sind ein scharfer Kontrast zu der fast „über-restaurierten" Altstadt. Ich habe mir bei früheren Besuchen in der DDR oft die Frage gestellt: Warum eigentlich die vie-

len grauen und verfallenen Wohnhäuser? Nun habe ich die Antwort von den Bauleuten aus Erfurt erhalten: Diese grauen Wohnhäuser gehören alle Privatleuten. Die Besitzer haben einfach kein Geld, um die Häuser zu renovie-

ren, weil die Mieten zu niedrig sind. Und wenn Mieten billig sind und die Handwerker teuer und wenn es kaum Baumaterial gibt, ja dann sieht es eben aus, wie es aussieht. Alles hat seine Erklärung. Jetzt sieht man an solchen Häusern doch öfter Baugerüste. Das hängt damit zusammen, daß der Staat Renovierungskredite zur Verfügung stellt. Aber die Verschönerung der DDR geht nur langsam voran. Es gibt zu wenig private Handwerksbetriebe. Vorerst ist Grau-Schwarz noch die normale Farbe in den Großstädten der DDR.

Erfurt hat eine sehr schlechte Luft. In den meisten Wohnungen stehen noch Kohleöfen. Braun- und Steinkohle-Ab-

gase steigen aus den vielen Schornsteinen und legen sich über die Stadt. Man bekommt deshalb schnell einen Hustenreiz. Der Kohlegeruch dringt bis in die Flure des Interhotels. Überall begegnet man diesem Geruch und den nicht ungefährlichen Abgasen, nicht nur in Erfurt, in allen Städten der DDR.

Ich bin in solcher Luft groß geworden, am Rande des Ruhrgebiets. Die Erfurter Luft erinnert mich an meine Jugend. Sie ist Erinnerungs-Luft. Wäre ich einer der Stadtväter Erfurts, so würde ich eher für eine ‚Renovierung‘ der Luft sorgen als für eine Renovierung der Häuser.

Die DDR hat auch sonst akute Umweltprobleme. Fische sterben, Bäume sterben, Wälder sterben. Die Natur rächt sich und schlägt zurück. Und: Sie trifft die Menschen, die Verursacher.

An dieser Stelle möchte ich die Industriestadt Erfurt verlassen, mich von der Familie Großmann und all den Menschen, die wir kennengelernt haben, verabschieden. Ich möchte die hügelige und waldreiche Thüringer Landschaft gegen die flache und ziemlich baumlose Mecklenburger Gegend austauschen.

Familie Ehlert

In Mecklenburg:
Besuch beim Bürgermeister des Dorfes Burow

Nach einigen Informationsgesprächen im Ministerium für Landwirtschaft in Berlin fahren wir in Richtung Neubrandenburg, auf der Transit-Straße 96. Unser Landrover holpert über die teilweise sehr schlechte Fahrbahn. In der Nähe der Stadt Neustrelitz geraten wir mit unserem englischen Jeep in eine sowjetische Militärkolonne. Sowjetische Soldaten gehören zum Alltag der DDR, so wie US-Amerikaner zum Alltag der Bundesrepublik gehören. Wir fahren in die Landschaft Mecklenburg, in ein traditionelles Landwirtschaftsgebiet. Dort wohnen die Mecklenburger. Sie sprechen – wenn sie nicht schweigen, und das tun die Mecklenburger gerne – einen plattdeutschen Dialekt. Die Mecklenburger gehören zu den stillen Norddeutschen, die als Einzelbauern oder einfache Landarbeiter ihr Leben lebten. Bismarck sagte einmal, daß der Weltuntergang in Mecklenburg 100 Jahre später kommen würde. Auch mußten sich die Mecklenburger „Ochsen" nennen lassen. Man meinte damit nämlich die zwei Ochsen vor und den „einen Ochsen" hinter dem Pflug. 60–70 Kinder gingen in Dorfschulen mit nur einer Klasse. Dort hämmerten autoritäre und reaktionäre Lehrer wenig Kenntnisse in die noch weichen Köpfe der Kinder.
Wir sind beim Bürgermeister des Dorfes Burow angemeldet. Burow liegt 25 Kilo-

meter nördlich von Neubrandenburg und ist eine Gemeinde von fast 1000 Einwohnern. Burow hat sich mit fünf anderen Gemeinden zu einem Gemeindeverband zusammengeschlossen. Gemeinsame Probleme will man gemeinsam lösen. Die einzelnen Gemeinden sind aber noch autonom. Der Gemeindeverband bildet einen Rat. Er ist Koordinationsorgan. Im Gemeindeverband ist Burow die zentrale Ortschaft. Dort sind Bibliothek, Polytechnische Oberschule und das Landambulatorium. Der Bürgermeister von Burow ist auch gleichzeitig Vorsitzender des Rates. Wir treffen ihn zu einem ersten Gespräch,

zusammen mit dem Bürgermeister der Gemeinde Gölcken, Herrn Prodöl, und dem Direktor der Oberschule, Herrn Oldenburg. Auch er ist Mitglied des Rates. Bürgermeister Bartel erzählt, daß er gar nicht Mecklenburger ist. Er kommt aus der Industriestadt Karl-Marx-Stadt. Er stammt aus einer Arbeiterfamilie und ist von Beruf Zimmerer. Wegen der Landpropagandabewegung „Industriearbeiter aufs Land" ist er nach Burow gekommen. Ich frage ihn, wie seine politische Laufbahn aussieht:

„Zuerst war ich Funktionär in der FDJ. Dann habe ich die Parteischule besucht und an der Universität Staatsrecht studiert. Seit 1962 bin ich in verschiedenen Gemeinden Bürgermeister gewesen, mehr oder weniger ein ‚Krisenbürgermeister'. Ich habe viele Gemeinden übernommen, die in einer strukturellen Krise steckten. Das war oft eine schwere und konfliktreiche Arbeit."

„Wie sehen die Probleme in Burow aus?"

„Da ist die gesamte Infrastruktur, der Wohnungsbau, die Dorfgestaltung. Mir macht auch die junge Generation auf dem Lande Kopfschmerzen. Eine wichtige Frage ist: Wie behalten wir unsere Jugend hier. Immer weniger junge Leute wollen heute in die Landwirtschaft."

„Was wird im Augenblick im Wohnungsbau gemacht?"

„Wichtig ist natürlich das Wohnen. Wir bauen momentan 96 Wohnungen und

50 Eigenheime. Dann entsteht eine neue Speisegaststätte. Der Wohnstandard der Burower Bürger hat sich stark verbessert. Heute haben 86 % Bad und WC."

„Wie sieht die Geschichte Burows aus?" will ich wissen.

„Burow ist schon seit dem 13. Jahrhundert als Siedlung bekannt. Im 17. Jahrhundert ist ein Bauernproletariat entstanden. Das hat Burow sozioökonomisch bis 1945 geprägt. Von den fast 210 Einwohnern im Jahre 1945 waren fast alle Landarbeiter ohne feste Stelle. Nach dem Kriege kam die Bodenreform. Das Gutsland wurde geteilt und an vorher unfreie Landarbeiter verteilt. Diese Neubauern bewirtschafteten dann diese Landstücke privat. 1950 wurde in Burow eine neue Maschinen-Ausleihstation errichtet (MAS). Dort konnten die Bauern Großgeräte ausleihen. Man mußte also die Geräte nicht selbst kaufen. 1953 begann der Aufbau einer landwirtschaftlichen Produktionsgenossenschaft (LPG). Das war noch LPG Typ 1. Die Bauern bewirtschafteten die Genossenschaftsflächen gemeinsam, hatten aber auch noch eigene landwirtschaftliche Betriebe. Die Mitgliedschaft war freiwillig. 1960 ist die sozialistische Produktionsweise auf dem Lande eingeführt worden. Überall in der DDR. Nun mußten sich die Bauern zu LPGs zusammenschließen."

Auf die Schwierigkeiten beim Übergang zur sozialistischen Produktionsweise komme ich später zurück. Wir wollen zuerst mit dem Bürgermeister einen Spaziergang durch das Dorf machen. Bürgermeister Bartel führt uns zuerst in die Räume des Jugendklubs. Sie sind im Keller des Gemeindehauses. Die Jugendlichen haben sich den alten Kohlenkeller für ihre Klubzwecke selbst ausgebaut. Sie leiten den Klub auch selbst und sind für das Programm verantwortlich. Bürgermeister Bartel lobt: „Seitdem sich die Jugendlichen diese Klubräume gebaut haben, gibt's überhaupt keine Probleme. Die diskutieren, tanzen, spielen Tischtennis. Bei denen ist immer etwas los!"

In den Räumen ist es sehr sauber. Die Hausordnung hat strenge Regeln.

Wir gehen hinaus auf die Dorfstraße.

Bürgermeister Bartel bleibt bei einer

Frau mit Kind stehen, tauscht ein paar Worte mit ihr und wendet sich wieder zu uns, um mehr über das Dorf zu erzählen:

„Die Bürgersteige hier sind neu, ebenfalls die Blumenbeete. Die sind durch

eine Bürgerinitiative entstanden. Die Dorfbewohner haben in ihrer Freizeit die Dorfstraße verbessert und verschönert. Einer unserer Ältesten war darüber ganz begeistert: ‚Jetzt kann ich mit meinen Hausschuhen auf die Straße!', war sein Kommentar.

Die Dorfstraße soll jetzt auch asphaltiert werden. Burow hat sich in den letzten Jahren fast total verwandelt. Solche äußerlichen Aspekte des Wohnmilieus sind sehr wichtig."

Bald kommen wir an der Schule vorbei, und da lädt uns Direktor Oldenburg zu einer Besichtigung ein.

„Leider sind keine Schüler hier. Die haben nämlich gerade ein paar Tage Ferien."

Eine leere Schule! Was für ein interessantes Besichtigungsobjekt! Hasse und ich finden es sehr spannend, durch die leere Schule zu gehen. In aller Ruhe zu schauen, stehenzubleiben, nachzudenken, zu beobachten, dem Rektor zuzuhören.

„Die Klassen haben im Durchschnitt 24 Schüler. Sie sind nach Ortsgruppen zusammengesetzt, wegen der Zusammengehörigkeit."

Wir sind erstaunt, daß sich in jedem Klassenzimmer ein Fernsehapparat befindet.

„Ja, alle Lehrer benutzen die Fernsehsendungen des Schulfernsehens. Die Sendungen sind fest mit in den Unterricht eingeplant. Die Sendungen sind uns Schulleitern schon ein Jahr im voraus bekannt. Wir haben sehr gute Erfahrungen mit dem Fernsehen im Unterricht."

In den Klassenräumen der unteren Klassen sehen wir an einer Wand lange Kartonstreifen. Sie haben am oberen Ende einen roten Stern. Darin die Zahl 60, was auf den 60. Jahrestag der russischen Revolution hinweist. Unter den Sternen stehen Namen. Auf den Streifen sind kleine Sterne mit einem Farbstempel aufgedrückt. Wir fragen nach der Bedeutung:
„Dies gehört zur Aktion ‚Gute Tat‘. Jeder Schüler bekommt einen Stern bei einer guten Tat."

Ich frage, was eine „gute Tat" ist:
„Eine gute Tat kann eine Spende sein. Zum Beispiel bei einer Solidaritätsaktion, z. B. Solidarität mit Chile. Eine gute Tat kann auch eine freiwillige Hilfe für alte Leute sein, im Rahmen der Volkssolidarität."
In den Klassenräumen der ersten Klassen finden wir an der hinteren Wand Klappbetten mit Decken.

„Ja, unsere Kleinen müssen mittags schlafen. Wir stellen diese Betten hier in der Mittagspause auf. Und dann müssen die Kinder anderthalb Stunden schlafen."

Es ist schon Spätnachmittag. Wir müssen weiter, nach Penzlin. Wir sollen im Ferienheim des petrochemischen Kombinats Schwedt wohnen.
Der Heimleiter empfängt uns. Er berichtet über das Heim:
„Die Kombinatsangehörigen kommen zu uns zu längeren Urlaubsaufenthalten, aber auch nur zu Wochenendurlauben. Dann haben wir viele Brigadefeiern hier. Am Freitag kommt eine größere Brigade mit Familien. Für jede neue Gruppe arrangieren wir am ersten Abend eine Tanzveranstaltung. Sie sind herzlich eingeladen."

Die LPG Burow: ein sozialistischer Großbetrieb in der Landwirtschaft

Am nächsten Morgen fahren wir nach einem großen Frühstück zur LPG Burow. Die Fahrt dauert eine Stunde. Der Vorsitzende der LPG, Artur Kastler, der Hauptbuchhalter Günter Koschellnek und der stellvertretende Leiter für Aus- und Weiterbildung, Eberhard Balzer, empfangen uns. Die ersten Kontaktgespräche führen wir bei einem „Bauernfrühstück" mit viel Wurst, Käse und Eiern.

Bevor wir über die LPG selbst sprechen, bitte ich die drei Leiter, mir ihren persönlichen Lebensweg zu schildern. Der Vorsitzende Artur Kastler erzählt: „Ich bin 1935 geboren, habe im elterlichen Betrieb eine landwirtschaftliche Lehre gemacht. Mein Vater war Neubauer. Er bewirtschaftete acht Hektar. Nach der Lehre ging ich drei Jahre auf die Fachschule. Berufsabschluß: Agronom. Wurde dann Betriebsleiter in ei-

nem VEG, in einem Volkseigenen Gut. Bin dann durch Fernstudium Diplomlandwirt geworden. Seit 1970 bin ich Vorsitzender dieser Genossenschaft. Wir haben eine Hektarfläche von 6.200 Hektar. Ich bin Leiter von 210 Genossenschaftsmitgliedern."

Der stellvertretende Leiter für Aus- und Weiterbildung berichtet über sich selbst:
„Ich bin Jahrgang 1940. Mein Vater war Bäcker. Ich besuchte die zehnklassige Oberschule und qualifizierte mich auf der Fachschule zum staatlich geprüften Landwirt. War kurze Zeit auch Vorsitzender einer LPG. 1975 machte ich nach

einem Fernstudium an der Universität Rostock meinen Abschluß als Diplomlandwirt."
Und der Hauptbuchhalter Günter Koschellnek berichtet:
„Ich bin 1922 geboren. War bis 1960 Bankkaufmann in Berlin. Dann wollte ich aufs Land gehen. Der Grund war die Aktion ‚Industriearbeiter aufs Land', für mich persönlich war das eine große Umstellung, für meine Frau nicht so.

Die ist auf dem Land groß geworden. Zuerst habe ich auf einem VEG gearbeitet. 1970 wurde ich Mitglied der Genossenschaft. Landwirtschaft war für mich neu. Aber die Grundprinzipien der Buchhaltung für Industrie und Landwirtschaft sind gleich. Vom Fach her gab es keine Schwierigkeiten.

Wurde durch Fernstudium Diplomwirtschaftler."

Im Gespräch mit den drei Leitern erfahren wir vieles aus der Geschichte und Entwicklung der LPG Burow. Anfang der 50er Jahre entstand in Burow eine sogenannte Dorf-LPG. Kleinere Betriebe im Dorf gründeten eine Genossenschaft. Sie hatten Tier- und Pflanzenproduktion. Dann wurde aus der Dorf-LPG eine sogenannte KAP, eine Kooperative Abteilung Pflanzenproduktion. Die KAPs waren organisatorische Übergangsformen zu den großen LPGs Pflanzenproduktion. Diese großen LPGs wie hier in Burow müssen eigentlich wieder als Übergangsformen gesehen werden. Die Landwirtschaft der DDR entwickelt sich zu noch größeren

Einheiten hin. In der Landwirtschaft ist ein ähnlicher Konzentrationsprozeß zu beobachten wie in der Industrie. Die LPG Burow wird in eine größere Produktionseinheit von ca. 30.000 Hektar integriert. Dann spricht man nicht mehr von LPG, sondern von AIV, von der Agrar-Industrievereinigung. 1950 arbeiteten noch über 2 Millionen Menschen in der Landwirtschaft. Jetzt sind es etwa 800.000. Die Zahl wird durch Rationalisierung noch stärker sinken. Die DDR versorgt sich mit Tierprodukten wie Milch, Butter und Käse selbst, aber auch mit Pflanzenprodukten für Lebensmittel. 20 % des Futtergetreides müssen allerdings noch importiert werden. Die eigene Getreideproduktion reicht für die große Tierhaltung nicht aus. Die moderne industrielle Landwirtschaft der DDR hat 30 neue Landberufe geschaffen. 80 % aller Beschäftigten in der Landwirtschaft der DDR haben eine abgeschlossene Berufsausbildung. Über 40 % der ständig Berufstätigen sind Frauen, 10 % Jugendliche. Immer weniger junge Leute wollen auf dem Lande leben. Das ist natürlich ein Problem. Aber man versucht, das Land attraktiver zu machen. Das geht natürlich nicht von heute auf morgen.

Der Vorsitzende Artur Kastler berichtet, daß die LPG einen Jahresumsatz von 12 Millionen Mark hat. 15 % davon seien Gewinn. Der wäre notwendig für Investitionen. Auf meine Frage, wie denn die Genossenschaftsbauern bezahlt würden, erklärt der Hauptbuchhalter:

„Als Berechnungseinheit liegt eine Arbeitseinheit zugrunde. Eine Arbeitseinheit ist 10 Mark wert. Den monatlichen Lohn muß man als Vorschuß sehen. Er beträgt ungefähr 80 % der erarbeiteten Arbeitseinheiten. Der Rest wird am Jahresende bezahlt."

„Wie werden Sie bezahlt?" frage ich den Vorsitzenden.

„Ich bekomme wie alle anderen nicht den vollen Lohn. Nur einen Vorschuß. Das gilt für den ganzen Leitungskader. Es wird allerdings alle Vierteljahr abgerechnet. Das bedeutet eine strengere Leistungskontrolle."

„Und was verdienen Sie im Monatsdurchschnitt?"

„1.500 Mark."

„Und Sie, Herr Koschellnek?"

„1.300."

„Und Sie, Herr Balzer?"

„Auch."

„Und was verdient zum Beispiel ein Fahrer von landwirtschaftlichen Großmaschinen, ein Mechanisator?"

„So an die 1.000 Mark", sagt Herr Kastler.

„Auch wenn der Mechanisator eine Frau ist?" frage ich nach. „Natürlich! Gleicher Lohn für gleiche Arbeit!"

Nach dieser Erläuterung der sozialistischen Landwirtschaft wollen wir uns die Praxis ansehen. Wir fahren mit unseren drei Gastgebern auf die Felder, die das Dorf Weltzin umgeben. Eine Brigade bearbeitet mit ihren großen Maschinen 70 Hektar Land. Die Maschinen sind 10 Meter breit. Sie machen auf

Hasse und mich einen gewaltigen Eindruck.

Der Vorsitzende berichtet uns über ein Projekt der LPG:

„Wir wollen große Teile unserer Ackerfläche durch künstliche Beregnung wetterunabhängig machen. Wir wollen von den 6.500 Hektar insgesamt 1.244 Hektar beregnen können."

Wir fahren dann zu einer Brigade, die Rohre verlegt, Rohre für Be- und Entwässerung. Der Baggerführer gräbt zuerst einen Graben. Seine Kollegen verlegen dann die Tonröhren Meter um Meter, bis das Planziel erreicht ist.

Wir sind wieder auf dem LPG-Betriebsgelände. Dort gehen wir zu einem Gebäude, das wie eine kleine Fabrik aussieht. Es ist die Kartoffelhalle. Wir ge-

hen hinein. Es riecht herrlich nach Erde
und Kartoffeln. Auch hier ist die „technische Revolution" nicht stehengeblie-
ben. Die Kartoffeln werden in riesigen
Korbpaletten aufbewahrt. Gabelstapler
sorgen für den Transport. Diese Halle
ist nicht nur Lagerhalle. Sie ist gleichzeitig   eine   „Kartoffelsortierfabrik".
15 Tonnen passen in die Annahmewan-
ne der Sortiermaschine. Die Kartoffeln
werden nach Durchmesser unterschie-
den. Die Kartoffeln mit 25 mm und weniger laufen auf ein Band für Futterkar-
toffeln. Die zwischen 25 mm und
55 mm auf ein Band für Pflanzkartof-
feln. Die Kartoffeln über 55 mm laufen
auf ein Band für Speisekartoffeln. An
den Bändern sitzen Frauen und sortie-
ren faule Kartoffeln heraus und machen

das, was die Maschine nicht kann: Sie erkennen Steine. Diese Frauen arbeiten in zwei Schichten. Nach der Kartoffelernte im Herbst wird sogar in drei Schichten gearbeitet. Alle, die hier an den Bändern arbeiten, sind schon Rentnerinnen. Es sind Saisonkräfte, die wichtige Arbeit leisten. Ich frage einige der Frauen, was sie von dieser Industrialisierung der Landwirtschaft halten.

„Sehr gut! Früher mußten wir das hier auf den Feldern machen. Das war oft kalt und feucht. Da mußten wir auch schwer tragen. Das war schlecht für den Rücken. Das ist besser hier! Wir haben auch viel Spaß. Wir sind zehn Frauen. Wir reden den ganzen Tag miteinander. Da gibt es immer 'was zu erzählen.“

In einer anderen Halle, die wir aus Zeitgründen nicht mehr besuchen können, sitzen 12 Frauen. Herr Kastler erklärt uns:

„Diese Frauen montieren Vergaser für eine Motorenfabrik in Berlin. Solche Auftragsarbeit gibt 12 Frauen ganzjährig Arbeit. In unserer Produktion hätten wir diesen Frauen keine Arbeit anbieten können. Das gehört heute mit zur Struktur der Landwirtschaft, solche Arbeitsmöglichkeiten zu schaffen.“

In der Landwirtschaft wird wie in der Industrie nach Plänen gearbeitet. Die Planziele lassen sich wieder nachlesen: Das und das soll gesteigert werden, das und das gespart werden. Ihren Fünfjahrplan bekommt die LPG Burow vom Rat des Kreises. In einer Vollversamm-

lung der LPG muß der Vorsitzende allen Mitgliedern die Pläne erklären.

Die Landwirtschaft soll immer mehr nach industriellen Produktionsmethoden arbeiten. Stadt und Land werden dadurch ähnlicher. Industrieproduktion und Landwirtschaftsproduktion nähern sich einander, und dadurch nähern sich zwei gesellschaftliche Klassen: die Arbeiterklasse und die Klasse der Genossenschaftsbauern. Und Zielpunkt dieser Entwicklung ist: Auflösung der Klassen, also die klassenlose Gesellschaft, der Kommunismus. Über den Kommunismus hat man mir viele Witze erzählt. Einen fand ich besonders gut. Er ist ein gutes Beispiel für den intelligenten und scharfen politischen Witz in der DDR. Also, der Witz hört sich folgendermaßen an:

Die Parteiführung stellt sich die Frage, wann der „real existierende Sozialismus" zum Kommunismus wird. Man glaubt, daß der Computer der Humboldt-Universität diese Frage beantworten kann. Man füttert den Computer mit allen möglichen gesellschaftlichen Daten. Der Computer antwortet: 9,0 Kilometer. Die Parteiführung ist erstaunt: „So nahe!" Sie merkt aber, daß sie mit diesem Kilometermaß nichts machen kann. „Da müssen wir unsere Freunde in Moskau fragen. Die haben eine größere Rechenanlage!" Der Computer der Freunde kommt zu einem anderen Ergebnis: 9,4 Kilometer! „Da sieht man's, der wissenschaftliche Fortschritt der Freunde ist größer!" Nur konnte man

auch mit dieser Zahl die Frage nicht beantworten. Einer in der Parteiführung schlägt vor, einen sehr alten Kommunisten zu fragen, der sehr viele Bücher gelesen hat. „Der weiß immer Bescheid! Der wird auch das Computerergebnis richtig interpretieren können!" Der Alte hört sich alles an, kratzt sich am Kopf, blättert in ein paar Büchern und sagt folgendes: „Wenn ich das alles so höre, die Kilometer und so, dann fällt mir nur ein Zitat von Lenin ein, und zwar: Jeder Parteitag ist ein Schritt zum Kommunismus!"

Bei diesem Witz lacht der DDR-Bürger aus vollem Herzen. Er weiß nämlich genau, Parteitag ist alle fünf Jahre. Und ein Schritt ist ungefähr ein Meter. In 45 000 Jahren würde man also den Kommunismus erreichen. Das ist ein Witz, über den sich jeder DDR-Bürger köstlich amüsieren kann.

Gesundheitswesen auf dem Lande: zu Gast in einem Landambulatorium

Wir verlassen an diesem Tag die LPG, die landwirtschaftliche Produktionsgenossenschaft, die „Kolchose" Burow. Am nächsten Tag machen wir einen Besuch beim Landambulatorium des Gemeindeverbandes. Wir möchten gerne etwas über die ärztliche Versorgung auf dem Lande erfahren. Wir treffen den leitenden Arzt Dr. Bock:

„Ich bin eigentlich Berliner. Bin hier Arzt seit 1967. Es arbeiten noch drei praktische Ärzte hier und ein Zahnarzt. Einmal in der Woche haben wir eine Frauenärztin hier. Als Städter war für mich das Landleben nicht ganz einfach am Anfang. Die Leute sind Städtern gegenüber sehr kritisch. Meine Frau hatte am Anfang größere Schwierigkeiten als ich. Als Arzt habe ich sehr schnell Kontakt mit den Leuten bekommen."

„Warum haben Sie die Stadt verlassen und sind aufs Land gegangen?" frage ich:

„Die Bedingungen des Arztes waren in Berlin sehr viel schlechter. Nicht von der Bezahlung her. Dort ist ein Spezialistentum entstanden, wo man den Menschen nicht mehr als Ganzes sieht. Dort muß man sich also einen Teil des menschlichen Körpers als Spezialgebiet heraussuchen. Hier auf dem Lande habe ich mit dem ganzen Menschen zu tun. Ich stehe den Menschen sozial sehr viel näher. Das Leben hier ist auch einfacher und klarer. Durch Hausbesuche lerne ich sehr viel besser die häuslichen Verhältnisse kennen. Das ist sehr positiv für die Behandlung. Ich kann mich hier außerdem um Dinge kümmern, die ich in Berlin nie gemacht habe. Ich bin hier z. B. sehr engagiert in Fragen der Sexualaufklärung, nicht nur bei Schülern, sondern auch bei den Eltern. Heute haben ja immerhin schon 60 % aller 15- und 16jährigen erste sexuelle Kontakte. Unsere Frauenärztin verschreibt die Pille sehr großzügig."

Dr. Bock führt uns durch das Ambulatorium. Wir sehen gut ausgerüstete Behandlungsräume, schauen beim Zahnarzt rein. Als sehr ängstlicher Zahnarztpatient höre ich mit Schrecken, daß er fast alles ohne Spritzen macht. Die gibt's, aber er findet sie nicht gut. Zum Landambulatorium gehört erstaunlicherweise eine Kinderkrippe. Mit 21 Tageskindern und 13 Wochenkindern. Ich bitte Dr. Bock, mir etwas über die Wochenkinder zu erzählen.

„Ja, die Eltern von diesen Kindern haben so ungünstige Arbeitssituationen, daß sie in der Woche für ihre Kinder einfach keine Zeit haben. Am Wochenende sind die Kinder allerdings zu Hause. Die Kinder haben es sehr gut hier. Wir haben sehr gut ausgebildetes Personal. Und wichtig ist: Die Kinder haben den ganzen Tag Kontakt mit anderen Kindern, älteren und jüngeren. Ich übertreibe nicht, wenn ich sage, daß unsere Kinder 8 Monate weiter in ihrer Entwicklung sind. Die Kinder haben ja auch hier in der Kinderkrippe, wie im Kindergarten, einen genauen Beschäftigungsplan."

Eine der Erzieherinnen erklärt mir die sechs Sachgebiete:

„Da haben wir zuerst Sachgebiet 1: ,Tägliche Aufgaben'. Das ist z. B. Waschen, Anziehen, usw. Hier sollen die Kinder Selbständigkeit lernen. Sachgebiet 2 heißt ,Sport'. Da klettern, laufen und springen wir. Und machen Gesellschaftsspiele. Das kann eine halbe Stunde dauern. Sachgebiet 3 ist ,Anleitung

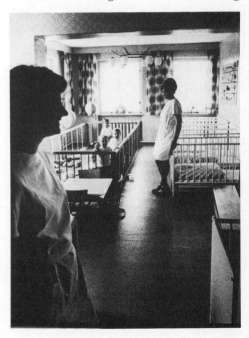

und Entwicklung der Spieltätigkeit'. Hier geht es uns um erste Spielformen und um allmählichen Übergang zum Rollenspiel. Sachgebiet 4 ist ‚Spracherziehung'. Da benennen und beschreiben wir den häuslichen Alltag. Wir beschreiben Bilder. Wir regen das Denken an. Wir konzentrieren uns. Sachgebiet 5 ist ‚Musikerziehung'. Da singen wir und machen Hörübungen. Sachgebiet 6 heißt ‚Darstellende Tätigkeit'. Da malen, zeichnen und kneten wir. Da machen wir Papierarbeiten. Am Nachmittag verstärken wir das, was wir am Vormittag gelernt oder geübt haben."

„Wie kommen die Eltern mit ins Spiel?" frage ich ein wenig nachdenklich.

„Wir sprechen jeden Monat mit den Eltern über die Entwicklung der Kinder. Sie wissen genau, was wir hier machen. Sie kennen die Methoden, mit denen wir hier arbeiten."

Ich erzähle von meinen Erlebnissen im Kindergarten in Erfurt und frage, ob man auch mit diesen jüngeren Kindern hier nach den Beschäftigungen ein „Gespräch" führen würde.

„Ja, das ist genauso wie im Kindergarten."

„Wie ist der Übergang zum Kindergarten?"

„Unsere Kinder bekommen eine Beurteilung mit in den Kindergarten. Über jedes Kind schreiben wir einen Entwicklungsbericht. Der folgt dem Kind in den Kindergarten."

Ich habe jetzt ein klares Bild von der Pädagogik in der DDR: In Stadt und Land wird einheitlich erzogen. Man setzt die Kinder auf einen pädagogischen Wagen. Dieser fährt zuerst durch die Kinderkrippe, dann durch den Kindergarten, dann durch die Polytechnische Oberschule, dann durch die Erweiterte Oberschule. Viele Schüler steigen danach aus, die anderen Schüler fahren weiter durch den Hochschulbereich. Der Zug fährt nach einem sehr genauen Fahrplan, den Bildungsplänen der DDR. Abfahrts- und Ankunftszeiten werden genau beachtet und auch kontrolliert. Das Vorschul- und Schulsystem der DDR ist wie ein sehr übersichtliches Gleissystem, auf dem der pädagogische Verkehr planvoll abläuft.

Es ist Zeit für eine Zwischenmahlzeit. Ein vielleicht zwei Jahre alter Junge hat Tischdienst. Die Kochmütze ist Zeichen für diese Tätigkeit. Er deckt den Tisch, holt Essen aus der Küche, gießt Milch ein und wünscht „Guten Appetit". Die Kleinen lernen Tischsitten. Die Erzieherinnen kontrollieren liebevoll, daß die

Kinder richtig sitzen, beide Hände auf dem Tisch halten, nicht viel reden und sich auf das Essen konzentrieren. Schon im zarten Alter von zwei Jahren tut der Einzelne etwas für die Vielen. Das Grundprinzip sozialistischer Pädagogik setzt hier an.

Wir verlassen das Landambulatorium, und beim Abschied mache ich Dr. Bock mein ernstgemeintes Kompliment: „Bei Ihnen kann man ohne Sorgen krank werden!"

Zufällige Gespräche mit Bauern aus Mecklenburg

Nach diesem Besuch fahren wir nach Pasewalk, nahe an der polnischen Grenze. Dort besichtigen wir ein ACZ, ein Agrochemisches Zentrum. Dort arbeiten Düngebrigaden, Pflanzenschutzbrigaden, Transportbrigaden im Auftrag verschiedener LPGs. Die Landwirtschaft der DDR ist in Spezialgebiete aufgeteilt. Sie ist „arbeitsteilig".

Auf dem Rückweg kommen wir mitten in ein internationales Fahrradrennen, die „Friedensfahrt", die nach Prag geht. Wir müssen warten und beobachten die Fahrer von einem Feldweg aus. Einige Bauern kommen hinzu, ein alter mit Pferd, Wagen und Enkelkindern. Einige kommen zu Fuß, einer mit dem Wagen, einem „Moskvitsch". Wir beginnen ein Gespräch. Die Männer sind neugierig. Schweden auf einem Feldweg in Pasewalk: das geschieht nicht jeden Tag. Das Gespräch beginnt — wie so oft bei Männern — bei den Autos. Man schaut sich unseren Landrover an. „So'n Wagen müßte man haben!" sagte der eine. „Wollen wir tauschen?!" fragt der Moskvitschbesitzer. „Allrad, nicht?" fragt ein anderer. Nach einem Augenblick ist aber Hasses Kamera attraktiver als unser Landrover. Einer der Bauern ist Hobby-Fotograf. „Der macht prima Bilder!" sagen die anderen. „Ich hab' eine Praktika-Spiegelreflex, entwickle meine Bilder selbst. Hab' als Zusatzobjektiv ein Tele. So 'ne Nikon wäre na-

türlich toll. Motor-drive ist schon 'was Feines. Aber als Amateur-Fotograf brauch' ich das ja nicht."

Die Männer fragen natürlich, was wir in der DDR machen. Wir erklären unsere Arbeit, erzählen ihnen von unseren Eindrücken. „Komm, setz dich ein bißchen zu uns", sagt der Moskvitschfahrer und lädt mich ein, auf dem Vordersitz Platz zu nehmen. Und da er das Du gebraucht, verwende ich es auch, dort auf dem Feldweg in Pasewalk, nahe an der polnischen Grenze. Da spricht es sich mit dem Du sehr viel einfacher. Zuerst fragen die Bauern: „Was verdient ein normaler Arbeiter denn in Schweden? Ist Schweden wirklich so sozial? Warum gibt es eigentlich immer noch einen König? Wie sieht es denn in der schwedischen Landwirt-schaft aus? Ist das wirklich so schlimm mit dem Rauschgift und der Jugendkriminalität?"

Ich versuche nach bestem Gewissen und Wissen zu antworten. Danach frage ich:

„Wart ihr früher Einzelbauern?"

„Ja!"

„Und heute?"

„Genossenschaftsbauern in der KAP." (Kooperative Abteilung Pflanzenproduktion)

Zum Moskvitschbesitzer: „Was machst du da?"

„Bin Brigadier. In der Bodenbearbeitungsbrigade."

Zu den anderen: „Und ihr?"

Beide: „Sind Traktoristen!"

„Was haltet ihr von so einem landwirtschaftlichen Großbetrieb?"

Moskvitschfahrer: „Klappt!"

„Das klingt knapp ... bist du skeptisch?"

„Jaa, jaa ... ich war skeptisch. Das gebe ich gerne zu."

„Warum?"

„Ja ... warum? Ich hatte ja einen eigenen Hof von den Eltern. Da bin ich groß geworden. Da war Leben auf dem Hof. Menschen und Tiere!"

„Und jetzt?"

„Ja, jetzt wohnen wir nur da. Das ist kein Hof mehr. Die Ställe stehen leer. Die Tiere sind raus. Und wenn die Tiere raus sind, dann fangen die Ställe an zusammenzufallen. Das ist ein trauriges Bild."

„Kannst du da nichts machen?"

„Was willst du machen? So 'ne Renovierung kostet Geld. Woher soll ich das nehmen? Also, man hat uns die Höfe gelassen. Aber die waren ja plötzlich viel zu groß, um nur da zu wohnen."

„Sehen die Dörfer deswegen so verfallen aus?"

„Ja, sicher!"

„Und die Entwicklung wird nicht gebremst?"

„Vielleicht jetzt. Jetzt passiert viel auf den Dörfern. Aber jetzt kostet es eine Menge Geld."

„Wir Bauern haben's nicht. Da muß der Staat schon helfen. Das fängt jetzt an. Aber ist vielleicht schon zu spät!"

„Seid ihr enttäuscht?"

„Nein, das kann man nicht sagen. Vieles ist ja auch viel, viel besser geworden. So ein eigener Hof ... das war nicht immer leicht. Unsere Arbeit ist jetzt viel leichter. Man weiß jetzt ganz genau, was man hat. Finanziell geht es uns nicht schlecht."

„Ist die große Wirtschaftsform besser als kleine Bauernhöfe?"

„Ja! Eindeutig! Die Ernte pro Hektar ist jetzt viel besser. Das wollte ich zuerst auch nicht glauben. Aber heute weiß ich es. Ich seh's ja mit eigenen Augen. Nee, da kann man nichts gegen sagen. Da muß man ehrlich sein."

„Woran liegt die Verbesserung?"

„An den Maschinen. An der Technik. Die großen Maschinen schaffen mehr. Die kommen tiefer in die Erde. Und alles geht viel schneller als früher."

„Hat sich der Kontakt unter den Menschen verbessert?"

„Nee, glaub' ich nicht ... oder vielleicht doch. Der Dorfegoismus, der ist jetzt weg. Man denkt nicht nur immer an sein Dorf."

„Ist die neue Wirtschaftsform jetzt akzeptiert?"

„Ja, doch, muß man sagen. Aber im Anfang, da war hier sehr viel Mißtrauen auf dem Lande, als es die Kleinbauern nicht mehr gab. Das ist jetzt vorbei."

Wir fahren zurück nach Penzlin. Eine größere Brigade des petrochemischen Kombinats Schwedt kommt fast gleichzeitig mit uns an. Sie wollen im Ferienheim des Kombinats ihr Brigadefest feiern. Am Abend hat der Heimleiter wieder für Tanz gesorgt. Nicht Disco-Tanz, sondern so richtig mit einer Kapelle aus dem Dorf.

Die Frauen tragen lange Kleider und Röcke. Die Männer dunkle Anzüge, weiße Hemden und Krawatten. Die Frauen haben sich sehr viel Mühe mit ihren Frisuren gemacht. In der mecklenburgischen Provinz sehe ich Frisuren, wie man sie in den 50er Jahren getragen hat.

Auf der Tanzfläche hat man Spaß. An den Tischen unterhält man sich lebhaft. An den Stühlen hängen schon Jacketts. Im Saal ist Stimmung. Die zuerst wie gute Bürger „verkleideten" Arbeiter finden während des Abends ihren eigenen Stil: Hemd und Hose. Die Frisuren der Frauen verlieren durch das wilde Tanzen ihre Künstlichkeit, und gegen Mitternacht sehen die Frauen eigentlich ganz natürlich aus.

Arbeit auf dem Lande: die Mechanisatorin Inge Ehlert

Die Schilderung der Familie Großmann fing bei Hans-Jürgen an. Bei seiner Arbeit auf der Baustelle. Der Familie Großmann in der Industriestadt Erfurt entspricht die Familie Ehlert im Dorf Letzin, das mit zum Burower Gemeindeverband gehört.

Fingen wir in Erfurt beim Mann an, so wollen wir hier bei der Frau anfangen. Wir besuchen die Mechanisatorin Inge Ehlert an ihrem Arbeitsplatz, auf einem Feld in der Nähe von Burow.

Hasse holt sich mit dem Teleobjektiv den Mähdrescher E 301 näher heran.

Hinter dem Steuer erkennen wir eine Frau: Inge Ehlert. Sie fährt nahe bis an uns heran, stellt den Motor ab und klettert zu uns herunter. „Guten Tag!" „Nett, Sie kennenzulernen!" heißt es gegenseitig. Und schon nach einigen Augenblicken sind wir mitten in einem Interview.

(D = Dieter, E = Frau Ehlert)
D: Wie lange fahren Sie schon solche Großmaschinen?
E: Seit 1970.
D: Wieviele Traktoristen und Mechanisatoren sind in der LPG?
E: 70.
D: Und wie viele davon sind Frauen?
E: Vier. Aber das war im Anfang mehr. Das ist jetzt doch mehr ein Männerberuf geworden. Es ist ein sehr anstrengender Beruf. Man sitzt ja acht Stunden dort oben.
D: Was haben Sie vor 1970 gemacht?
E: Zuerst hab' ich auf dem Gemeindebüro gearbeitet. Dann ging ich auf die Berufsschule. Fach: Landwirtschaft. Danach arbeitete ich bei meinem Onkel. Der hatte 80 Morgen Land. Das war bis 1960. Danach wurde ja alles LPG. Ich machte einen Lehrgang als Buchhalter. War Buchhalterin bis 1963. War bis '65 zu Hause. Sorgte für die Kinder. Ab '65 gingen die in den Kindergarten. Ich begann wieder in der LPG und wurde Mitglied der Dorf-LPG Letzin „Freie Scholle".
D: Was ist bei Ihrer Arbeit als Mechanisator besonders wichtig?
E: Man muß schnell, aber auch gleichzeitig vorsichtig fahren. Übersieht man einen größeren Stein, dann sind die Schneideblätter kaputt. Die müssen dann ausgewechselt werden.
D: Machen Sie das selbst?
E: Natürlich.
D: Fahren Sie nur diesen Maschinentyp?

E: Nein, ich fahre auch die großen Traktoren MTS 50 und ZT 300. Früher waren die Fahrer der Mähdrescher „eine Gruppe für sich". Das waren richtige „Ernte-Kapitäne"! Das ist jetzt nicht mehr so!

Mehr Zeit kann Inge uns nicht schenken. Sie steigt wieder auf ihren Mähdrescher und macht da weiter, wo sie aufgehört hat.

Erhard Balzer, der stellvertretende Ausbildungsleiter der LPG, war mit uns auf dem Feld. Ich sagte ja, daß er viel über die ideologische Arbeit auf dem Lande beim Übergang zu den LPGs zu berichten hatte:

„Ja, das war eine spannende Zeit. Da ging man wirklich von Hof zu Hof zu den einzelnen Bauern. Die hatten ja Land und Hof als Neubauern bekommen. Nun sollten sie Genossenschaftsbauern werden. Das war für die meisten Bauern hier oben nicht leicht. Da konnte es passieren, daß man glatt rausgeworfen wurde. War 'ne tolle Zeit. Tagsüber hart arbeiten, abends politische Propaganda. War schwierig, ältere Bauern zu überzeugen. Bei den jüngeren ging das besser. Die hatten ja auch schon in der Schule und Ausbildung davon gehört. Es gibt heute noch alte Bauern — jetzt sind sie Rentner —, die immer noch nicht vom Genossenschaftsprinzip überzeugt sind. Aber manche haben sich auch mit der Zeit geändert."

Familie Ehlert privat

Den ersten Kontakt mit der ganzen Familie Ehlert bekommen wir an einem Samstag. Also mit Inge, Wilhelm, Frank und Anke Ehlert.

Wir kommen gegen halb elf nach Letzin-Siedlung, wo die Ehlerts auf einem eigenen Hof wohnen. Letzin-Siedlung gehört zum Dorf Letzin. Und Letzin gehört zu dem schon erwähnten Gemeindeverband Burow. Die Letziner Dorfbevölkerung arbeitet zum größten Teil in der LPG Pflanzenproduktion Burow. Wir werden mit einem großen Frühstück empfangen. Die erste Stunde vergeht mit dem Essen und einem Gespräch, um sich kennenzulernen. Dann

führt die Familie uns durch das Haus. Unten im Haus befinden sich eine große, fast quadratische Wohnküche, das Badezimmer, die Vorratskammer, das Eßzimmer, das Wohnzimmer und der gerade neu gebaute Wintergarten. Oben im Haus: das Schlafzimmer der Eltern, die Zimmer der Kinder und noch ein, zwei Räume, die gerade renoviert werden. Das Haus hat Zentralheizung. Das ganze Haus macht einen sehr soliden Eindruck. Ehlerts – das ist ganz deutlich – haben einen hohen Wohnstandard. „So kann man in der Stadt nicht leben", sagt Wilhelm Ehlert.

Nach dem Frühstück und der Hausbesichtigung gehen wir hinaus auf den Hof, um uns den Stall anzusehen. Dort

steht noch ein wenig Vieh: zwei Kälber, zwei Schweine. Auch Hühner gibt's und anderes Federvieh. Ehlerts besitzen so viel Vieh, wie Genossenschaftsbauern in eigenen Ställen haben dürfen. Sie haben auch hinter ihrem Hof die Menge Weideland, die man privat be-

wirtschaften darf: zwei Morgen. Die Tiere sind nicht für die eigene Familie. Die Schweine sind Mastschweine, die Kälber Mastkälber. Ehlerts füttern die Tiere also bis zu einem bestimmten Gewicht und verkaufen sie dann. Diese Tätigkeit bringt jährlich zwischen 4.000 und 5.000 Mark ein. Das ist ein Nebenverdienst, den die Ehlerts nicht missen möchten. „Solange es sich noch finanziell lohnt, machen wir das! Die Tiere machen ja nicht so viel Arbeit." sagt Inge. „Haben noch viele Genossenschaftsbauern eigenes Vieh?" frage ich. „Das wird weniger. Für die meisten ist das zuviel Arbeit. Bei uns ist das ja günstig. Ich habe ja meine Werkstatt hier. Da kann ich auch ab und zu nach den Tieren gucken!" erklärt Wilhelm.

Neben dem Stall, aber im gleichen Gebäude, hat Wilhelm Ehlert eine Autowerkstatt. Wilhelm Ehlert ist Kraftfahrzeugmeister. Obwohl die Werkstatt im eigenen Haus ist, ist sie doch nicht privat. Es ist die Werkstatt der Veterinärabteilung im Kreis. Sie ist etwas ungewöhnlich. Da hängt an einer Wand

Opas alte Wanduhr. Da steht neben der Werkbank Omas altes Sofa. Wilhelms Arbeitsplatz kann man fast gemütlich nennen. Er paßt nicht richtig in die polytechnische Zeit. Ich bin froh, diesen Arbeitsplatz kennenzulernen. Fragen wir Wilhelm Ehlert ein wenig (D = Dieter, W = Wilhelm):

D: Wie alt bist du, Wilhelm?
W: 38.
D: Und wo geboren?
W: Hier in Letzin, im Dorf.
D: Ist die Familie Ehlert eine alte Letziner Familie?
W: Ja, der Hof dort ist schon seit 1757 in Familienbesitz. Der ist ein Geschenk vom „Alten Fritz" an den Grenadier Ehlert.
D: Für gute soldatische Dienste in der preußischen Armee?
W: Wahrscheinlich!
D: Wer lebt heute auf dem Hof?
W: Meine Mutter und die Schwester meines Vaters. Mein Vater ist tot.
D: Wo bist du in die Schule gegangen?
W: Hier in Letzin. In die Grundschule. 8 Jahre.
D: Wie sah deine Ausbildung nach der Grundschule aus?
W: Habe Landwirtschaft gelernt, auf dem väterlichen Hof. War zwei Jahre auf der Berufsschule. Wurde Facharbeiter für Acker- und Pflanzenbau.
D: Wie lange warst du auf dem väterlichen Hof?
W: Bis 1960, bis zur Gründung der LPG, der Dorf-LPG Letzin. Da wurde ich Traktorist.

D: Du warst also das, was deine Frau heute ist?

W: Ja, genau!

D: Und wie ging's weiter?

W: Dann war ich bei der Armee. 1963 bis '64. Da war ich Autoschlosser. Ja, habe mich dann weiter ausgebildet. Bin Facharbeiter geworden. Und in den Jahren '72 und '75 habe ich eine Ausbildung zum Meister der sozialistischen Industrie gemacht.

D: Nebenbeschäftigungen . . .?

W: Ja, die Tiere. Bin auch in der Freiwilligen Feuerwehr und in der Gewerkschaft tätig.

D: Wie sieht die Entwicklung von Letzin aus?

W: Das Dorf bestand bis 1960 aus Einzelhöfen. Die wurden privat voll bewirtschaftet. Da hatte Letzin 700 Einwohner. Dann kam 1960 die LPG. Sie hieß „Freie Scholle". Die existierte bis 1971. Dann gab es die Groß-LPG. Da waren Pflanzen- und Tierprodukte noch zusammen. 1976 trennte man die beiden Produktionszweige. Das sind jetzt ganz verschiedene Arbeitsplätze.

Unser Dorf ist mehr oder weniger ein reines Wohndorf geworden. Wir sind jetzt noch 320 Einwohner. Es wird jetzt viel renoviert in den Häusern. Leute bauen sich Bäder ein.

D: Früher war in Letzin wahrscheinlich mehr los. . .?

W: Sicher. Da gab's ja auch eine Gaststätte. Heute haben wir nur den Kulturraum. Da haben die Jugendlichen alle 14 Tage sonnabends ihre Disko. Da spielen sie auch Tischtennis. Wir Erwachsenen machen dort unsere Familienfeiern.

Ich frage Frank (F):

D: Frank, wieviel Jugendliche seid ihr hier in Letzin?

F: So an die 30.

D: Wieviel Jungen, wieviel Mädchen?

F: Das teilt sich auf.

D: Ihr habt also alle 14 Tage Disko?

F: Ja, das ist von 19 bis 24 Uhr.

D: Was trinkt ihr?

F: Bier!

D: Was ist sonst hier los?

F: In Burow oder Tenzerow ist immer was los.

D: Wieviel mal bist du in der Woche abends weg?

F: Zweimal. An den Wochenenden ist meistens zu wenig los. Das müßte besser koordiniert werden.

D: Langeweile?

F: Bißchen.

Wir fahren mit Ehlerts neuem Wagen, einem „Wartburg", ins Dorf. Für diesen Wagen haben Ehlerts jahrelang gespart.

Sie haben 21.000 Mark bar bezahlen müssen. Autos auf Kredit gibt's nicht in der DDR, und man muß lange warten, bis man eins bekommt.

Im Dorf, Wilhelm hat es schon erwähnt, wird viel renoviert. Die Straßenlaternen sind neu. Man ist dabei, Bürgersteige zu bauen. Für 320 Menschen ist das Dorf eigentlich viel zu groß. Jetzt geht es darum, im Dorf die Gebäude zu retten, die noch zu retten sind: die eigentlichen Wohnhäuser und die Gebäude, die man noch benutzt. In Letzin wie in vielen anderen mecklenburgischen Dörfern gibt es einen seltsamen Kontrast zwischen Verfall und Renovierung. Wir sehen deutliche Versuche, das Dorf zu verbessern und zu verschönern, attraktiver zu machen, besonders für die Ju-

gend. Die DDR kann es sich einfach nicht leisten, daß immer weniger Leute auf dem Land leben wollen und die Jugendlichen ihre Zukunft in der Stadt sehen. Das Land wird aber auch für die Städter attraktiver. Die Preise für verlassene Höfe sind sehr niedrig. Die Bürgermeister der Dörfer begrüßen das Interesse der Städter. Denn: jetzt kommt wieder Leben ins Dorf. Jedenfalls an Wochenenden und an Feiertagen und in den Ferien. Somit helfen Städter, die Landluft suchen, beim Neuaufbau der Dörfer.

Wir verlassen das Dorf. Stören ein paar Hühner bei ihrer „Straßenmahlzeit" und fahren zu dem Reitplatz, auf dem Frank sehr oft reitet und für Turniere trainiert. Frank reitet seit 1972. Beim letzten Dressurreiten hat er den zweiten Platz belegt. Bei einem Springturnier wurde er Dritter. Frank besitzt kein eigenes Pferd. Der Reitsport hat sich in den letzten Jahren auf dem Lande stark entwickelt. Er wird wie die meisten Sportarten staatlich gefördert. Durch diese Förderung des Reitsports ver-

sucht man, für Jugendliche auf dem Lande das Leben attraktiver zu machen. Frank will auch KFZ-Schlosser werden. Das ist sein Wunschberuf. Er und der Vater sind optimistisch. Im Herbst wird Frank wahrscheinlich einen Lehrvertrag abschließen können. Frank geht wie unsere Ramona Großmann aus Erfurt in die neunte Klasse und beginnt im Herbst das zehnte Schuljahr.

Wir fahren zurück auf den Ehlertschen Hof. Inge Ehlert und die Tochter Anke haben ein sehr gutes Mittagessen vorbereitet. Wir Männer können uns fast sofort an den Tisch setzen. Ein schlechtes Gefühl brauchen wir allerdings dabei nicht zu haben. Inge Ehlert ist nicht die Hausfrau von früher. Sie weiß, daß ihre Küche nicht ihr Gefängnis ist. Sie hat Spaß an der Küchenarbeit und bekommt Hilfe von Tochter und Sohn. Ich habe den Eindruck, daß Wilhelm Ehlert weniger in der Küche arbeitet. Er kümmert sich mehr um Hof und Stall.

Nach dem sehr leckeren Mittagessen spreche ich mit Inge. Auch wir gebrauchen schon das bequemere Du (D = Dieter, I = Inge):

D: Inge, du bist also Genossenschaftsbäuerin?

I: Ja.

D: Wann bist du Mitglied der LPG geworden?

I: 1965. Das war noch die LPG Letzin „Freie Scholle".

D: Hast du außer deiner Arbeit als Mechanisator noch andere Aufgaben in der LPG Burow?

I: Ich bin in der Sozialkommission.
D: Was macht ihr da?
I: Ja, alles, was so im sozialen Bereich gemacht wird. Betreuung, wenn einer krank ist. Dann Betreuung der Rentner. Wir treffen uns einmal im Monat, so drei Stunden lang.
D: Eine bezahlte Arbeit?
I: Nein, dafür bekommt man nichts.
D: Noch andere Aufgaben?
I: Nicht in der LPG. Bin nebenbei noch Kassiererin bei der Versicherung. Im Winter mache ich auch Fleischbeschauung. Untersuche also, ob das Fleisch von geschlachteten Tieren gesund ist. Bei jeder privaten Schlachtung muß das Fleisch untersucht werden.
D: Wirst du dafür bezahlt?
I: Ja, für jedes Stück.
D: Wieviel per Stück?
I: 3,30 Mark.
D: Wie wird man Fleischbeschauer?
I: Da macht man einen 4-Wochen-Lehrgang mit.
D: Bist du in einer Partei?
I: Ja, in der DBD, in der Demokratischen Bauernpartei Deutschlands. Da bin ich auch Kassiererin.

D: Sonst noch irgendwie und -wo engagiert?
I: (sie lacht) Ja ... Ich bin noch im Frauenaktiv des Bezirkes Neubrandenburg. Da bin ich für den Kreis Altentreptow gewählt worden.
D: Bedeutet das viel Arbeit?
I: Wir haben einmal im Monat eine Sitzung im Rat des Bezirkes.
D: Thema „Frau auf dem Lande ..."?
I: Richtig!
D: Sag jetzt nicht, daß du noch mehr zu tun hast ...
I: Ja, doch! Ich bin noch im DFD, im Demokratischen Frauenbund Deutschlands, und in der DSF, in der Gesellschaft für deutsch-sowjetische Freundschaft.
D: Ist das nicht alles ein bißchen viel?
I: Das hört sich alles nach mehr an, als es in Wirklichkeit ist. Die Mitgliedschaften machen ja nicht direkt Arbeit. Natürlich, manchmal wird es zuviel. Da bin ich kaum einen Abend zu Hause. Ich frage Wilhelm, was er darüber denkt.
D: Was sagst du zu den vielen Aufgaben deiner Frau?
W: Ja, manchmal finde ich schon, daß es zu viel ist.

Frank macht darauf aufmerksam, daß der Lebensmittelbus gekommen ist. „Dann aber schnell ein paar Sachen zum Wochenende einkaufen!" sagt Inge.
Ein Lebensmittelgeschäft gibt es in Letzin nicht. Zweimal in der Woche kommt dieser Bus. Auch der Bäcker

kommt mit dem Auto. Er liefert täglich frisches Brot. Die älteren Leute des Dorfes kaufen fast alles bei diesen fahrenden Händlern. Die Jüngeren mit eigenem Wagen machen ihre größeren Einkäufe meistens im Zentralort Burow, oder sie fahren zur Kreisstadt Altentreptow. Das sind 12 Kilometer. Inge

kauft am Lebensmittelbus meistens das ein, was im Haushalt gerade fehlt. Heute kauft sie fast nur Bier und Mineralwasser.

Während Inge und Frank einkaufen, deckt Anke den Tisch ab und beginnt mit dem Geschirrabwaschen. Anke geht in die 8. Klasse der Polytechnischen Oberschule in Burow. Ihr Lieblingsfach ist Englisch. Sie möchte Kindererzieherin werden. Ich kann mir Anke gut in diesem Beruf vorstellen. Sie wird ihren Kindergartenkindern sehr viel erzählen können, denn das Lesen von Märchen und Jugendgeschichten macht ihr besonders Spaß. Auf die Frage, welche Autoren sie besonders möge, nennt sie den romantischen Mär-

Anke hat schon ihre Jugendweihe. Man kann vielleicht sagen, die Jugendweihe ist die „sozialistische Konfirmation". Die 14jährigen Jungen und Mädchen bekennen sich bei der Jugendweihe zum sozialistischen Vaterland DDR, zur Freundschaft mit der Sowjetunion und zum proletarischen Internationalismus. Auf der Urkunde steht, daß Anke „in die große Gemeinschaft des werktätigen Volkes" aufgenommen worden ist. Ich frage mich, kann Anke mit diesen großen Worten etwas anfangen? Wird die 14jährige Schülerin aus dem kleinen Dorf Letzin nicht überbeansprucht? Ich muß dabei an meine Konfirmation zurückdenken.

chendichter Wilhelm Hauff, der Anfang des vorigen Jahrhunderts lebte. Dann nennt sie Ludwig Renn. Er ist einer der großen antifaschistischen, kommunistischen deutschen Autoren. In seinen Jugendbüchern führt er seine jungen Leser oft nach Mexiko, wo er während der Hitlerzeit jahrelang im Exil war. Ankes Autorenwahl ist interessant. Bei Hauff das romantische Idyll, die Welt im Taschenspiegel, bei Renn das internationale Thema, der Blick in die Weite. In der Schule ist Anke Mitglied des Gruppenrats. Sie ist dort Schriftführerin. Der Gruppenrat ist die FDJ-Gruppe einer Klasse. Anke ist also Mitglied des Jugendverbandes Freie Deutsche Jugend. Der Gruppenrat organisiert politische, kulturelle und soziale Aktionen der Klasse. Er kommt alle 14 Tage zusammen.

JUGENDWEIHE-URKUNDE

Leben auf dem Lande und in der Stadt: ein Vergleich

Ich möchte an dieser Stelle die Familie Ehlert verlassen, mich von ihr verabschieden, mich bedanken. Ich möchte versuchen, einen Vergleich zu ziehen zwischen dem Leben auf dem Lande und dem Leben in der Stadt, zwischen Landwirtschaft und Industrie. Voraussetzung dafür ist natürlich, daß unsere Eindrücke und Fakten einigermaßen repräsentativ sind. Durch langjährige Beschäftigung mit der DDR, durch viele Reisen in die DDR wage ich die Feststellung: Unsere Beobachtungen in Erfurt und in Burow sind nicht untypisch. Wir haben wichtige Teile der DDR-Wirklichkeit kennengelernt. Uns ist kein reiner Schaufenster-Sozialismus verkauft worden. Die mehr offiziellen Gesprächspartner in Erfurt und Burow gaben uns keine einfachen Propagandaantworten. Spontane Interviews mit dem Mann auf der Straße und auf dem Feld hatten für uns nicht nur Dokumentationswert, sondern auch Kontrollwert.

Land und Stadt sollen sich also näherkommen. Die Lebensbedingungen sollen sich angleichen. Man spricht in der DDR vom „Stadt- und Landausgleich". Die wichtigste Maßnahme in Richtung auf diesen Ausgleich sieht die DDR in der Einführung der sozialistischen Produktion auf dem Lande im Jahre 1960. Die landwirtschaftliche kooperative Produktionsweise orientiert sich an den kooperativen Erfahrungen der Industrie. Viel Technik und große Maschinen werden eingesetzt. Die landwirtschaftlichen Betriebe wurden größer. Im Industriebereich der VEB, der Volkseigene Betrieb, in der Landwirtschaft die LPG, die Landwirtschaftliche Produktionsgenossenschaft. Hier das Kombinat, dort die AIV, die Agrar-Industrievereinigung. Hier und dort Schichtsysteme, Spezialisierung und Arbeitsteilung. Hinter gesellschaftlichen und produktionstechnischen Veränderungen stehen Menschen, die diese Veränderungen durchführen und, was nicht minder wichtig ist, konkret erleben. Hinter allem steht der Mensch. Der Mensch ist die wichtigste Maßeinheit, nicht die Tonnen Stahl oder Tonnen Kartoffeln.

Ich möchte versuchen, den neuen Ausgleich zwischen Stadt und Land an den konkreten Lebensverhältnissen der Menschen zu zeigen. Die Löhne in Stadt und Land sind fast gleich. Der Baukranfahrer im Wohnungsbaukombinat Hans-Jürgen Großmann bekommt ungefähr den gleichen Lohn wie die Mechanisatorin Inge Ehlert. Baukranfahren und Fahren des Mähdreschers lassen sich in etwa vergleichen. Das Prinzip „Gleicher Lohn für gleiche Arbeit" ist ein in der ganzen DDR gültiges Prinzip. Würde Inge Ehlert in einer Großküche auf dem Lande arbeiten, so würde sie ebenso niedrig bezahlt werden wie Waltraud Großmann. Oder besser gesagt: so unterbezahlt werden.

In der gesamten DDR – ob Stadt oder Land – sind Steuern und Sozialabgaben, Anspruch auf Sozialleistungen, Schulsystem und grundlegende Dienstleistungen gleich. Und doch: Stadt ist Stadt, und Land ist Land. Der Städter hat meistens alles in der Nähe: Arbeit, Geschäfte, Restaurants, Kinos, Theater, Museen, Schulen, Kindergärten, Krankenhaus usw. Öffentliche Verkehrsmittel bringen ihn überall schnell und billig hin. Er hat durch Eisenbahn oder Bus Verbindung mit anderen Städten, mit dem Land. Die Menschen auf dem Land leben näher an der Natur, aber natürlich weiter entfernt von den sozialen und kulturellen Einrichtungen, die für den Städter so nah liegen.

Im Ausbau von Zentralorten wie Burow sieht man die Lösung, das Leben in der Stadt und auf dem Lande auszugleichen. Es gibt den kleinen Landladen nicht mehr. Jetzt gibt's die Kaufhalle mit einem Warensortiment, wie es der Städter kennt. Es gibt einen Damen- und Herrenfriseur, die Post, die Sparkasse, das Haus der Dienstleistungen (wie im Erfurter Vorort), die Bibliothek, das Speiserestaurant, das Kulturhaus, das Landambulatorium, die Polytechnische Oberschule, den Kindergarten, den Jugendklub, die Sportanlagen. Öffentliche Verkehrsmittel fahren auf dem Lande natürlich nicht so oft wie in der Stadt. Die Landbevölkerung braucht den eigenen Wagen oder das Motorrad oder Moped mehr als der Städter. Der Transport von den einzelnen Dörfern zur LPG geschieht mit genossenschaftlichen Arbeiterbussen. Die sozialistische Landwirtschaft ist keine Hofwirtschaft mehr. Viele Genossenschaftsbauern wohnen in Mietshäusern oder in Einfamilienhäusern. Der moderne DDR-Bauer lebt immer mehr wie ein Industriearbeiter: Er verläßt morgens seine Wohnung, sein Haus, arbeitet in Schicht und hat regelmäßig Feierabend. Er hat genausoviel Jahresurlaub wie der Industriearbeiter und ähnlich viele Möglichkeiten, sich in seinem Beruf weiterzubilden.

Früher war Sport auf dem Lande fast unbekannt. Durch die starke Mechanisierung und die damit verbundene Bewegungsarmut nimmt das Interesse an Sport stark zu. Der Bauer hat nun plötzlich auch mehr Freizeit. Sport, Hobbys spielen eine neue Rolle auf dem Lande.

Das kulturelle Angebot auf dem Lande ist breiter geworden. In den Kulturhäusern werden Vorträge, Theateraufführungen, Lichtbildvorträge, Autorenlesungen, Ausstellungen usw. angeboten, aber auch Feste gefeiert und Diskos organisiert.

Die Genossenschaftsbrigaden fahren in die Bezirkshauptstadt Neubrandenburg, gehen dort ins Theater, hören ein Konzert, besuchen ein Museum oder eine Gemäldeausstellung. Selbst die Kulturangebote der Hauptstadt sind nicht mehr so fern wie früher. Landbrigaden fahren mit Bussen zum Maxim-Gorki-Theater oder zum Berliner Ensemble in Berlin.

Alltag in der DDR:
ein kritischer Ausblick

Ich habe versucht, die Beschreibung von Stadt und Land, Industrie und Landwirtschaft, Großmanns und Ehlerts nicht dauernd mit Kritik zu verbinden. Ich will meine kritischen Anmerkungen hier am Ende des Buches sammeln.

Unser erster Tag in der DDR war bei dieser Reise der 1. Mai. Wir erlebten ihn – wie schon gesagt – in Berlin. Zwei Tage später fuhren wir weiter nach Erfurt. Alle Plakate, Banderolen und andere Propaganda- und Agitationsmittel des 1. Mai waren dort noch vorhanden.

Wir konnten sie uns in Ruhe ansehen. Das Porträt Honeckers, des Generalsekretärs der SED, fiel uns immer wieder ins Auge, besonders in Schaufenstern. In einer Metzgerei stand Honeckers Bild inmitten runder Würste und Fleisch. Ein Propagandasatz hob die Kraft des

Sozialismus hervor. Im Schaufenster eines Blumenladens war Honecker von Blumen umrahmt. Das Bild stand allerdings neben einem Schild, auf dem zu lesen war: „Nicht ausgepreiste Ware dient nur zur Dekoration." Es war fast unmöglich, ein Schaufenster ohne ein Lachen oder Lächeln zu verlassen. Die Propagandadekorateure haben eine große Fähigkeit entwickelt, die Propagandamittel an den unmöglichsten Stellen aufzustellen.

Was für die Kleinpropagandamittel in den Schaufenstern zutrifft, gilt auch für die großen Plakate im Straßenbild. Alte Häuserfassaden sind sehr beliebte Propagandaflächen. Nicht nur die ungeschickte Platzwahl fiel auf, sondern auch die große Menge der Plakate. Dem

Auge war nicht einen Moment Ruhe erlaubt. Ich sprach mit vielen Leuten, die von der Menge der Agitations- und Propagandamittel sehr irritiert waren. Sie sagten, daß sie den 1. Mai natürlich für wichtig halten, daß sie sich aber durch die Texte auf den Schildern und Plakaten nicht gerade als mündige Staatsbürger fühlen.

In allen Großstädten der DDR gibt es Interhotels. Es sind Hotels, wo die internationalen Gäste der DDR wohnen. In den Interhotels gibt es meistens auch Intershops. Dort werden westliche Waren verkauft. Die meisten kommen aus der Bundesrepublik Deutschland. Man bezahlt mit D-Mark aus der Bundesrepublik und nicht mit DDR-Mark. In diesen Intershops kann man kaufen: Scho-

kolade, Zigaretten, Spirituosen, Spielwaren, Parfüm, Radios, Fernseher, Video-Geräte, Tonband- oder Kassetten-Geräte, Kleider. Besonders attraktiv sind Jeans, echte „Levys" oder „Wrangler". Dafür stehen DDR-Jugendliche gerne in der Schlange. Die in der DDR genähten Jeans sind nicht populär. Nein: amerikanische müssen es sein!
Wir wohnten zwei Nächte in dem teuersten Interhotel in Berlin. Es heißt „Metropol", liegt an der Friedrichstraße, schräg gegenüber dem älteren und bekannten Interhotel „Unter den Linden". Das Hotel Metropol ist ein reines „Valuta-Hotel". Der ausländische Gast muß alles in westlicher Währung bezahlen. Es gibt sogar eine Bar, die den Namen „Valuta-Bar" trägt. Beim Valuta-Bar-

Keeper kauft man sich für „harte Währung" einen Whisky on the rocks. Auch DDR-Bürger sind dort Gäste. Aber auch sie müssen mit Valuta bezahlen. Ihre eigene Währung gilt hier nicht. Keine gute Voraussetzung, um sozialistisches Bewußtsein zu stärken ...
In der DDR haben die Bürger Geld. Die Steuern, Sozialabgaben, Mieten sind nicht hoch. Das Essen ist billig. Aber das, was die Bürger kaufen wollen, ist teuer, nämlich Autos, Fernseher, Stereo-Anlagen, schöne Möbel, nette Kleider, oder es gibt nicht genug davon. Um sich größere Sachen leisten zu können, muß man sparen. Man muß lernen, daß Wünsche meistens nicht sofort Wirklichkeit werden können. Das ist psychisch nicht immer leicht. Beson-

ders nicht, wenn die Verwandten in der Bundesrepublik „alles" haben und sich „alles" sofort leisten können, oder jedenfalls mit einem Kredit kaufen können.

Die Staatsbürger der DDR sind in einem Versorgungsdilemma. Sie haben genügend Geld, um sich normal gut zu kleiden, um essen zu gehen, um sich Bücher und kulturelle Vergnügungen zu leisten. Bei den attraktiven Extras fängt das Problem an, beginnt der Vergleich mit dem Westen. Und somit bekommen Tiefkühltruhe, Spülmaschine, Farbfernseher, Video-Recorder usw. eine große Wichtigkeit bei den Leuten. Dieses Mangelempfinden provoziert ein extremes Warendenken. Ein ungarischer Freund erklärte mir dieses Phänomen einmal so: „Man muß erst einmal einen Rolls Royce gehabt haben, um zu sehen, daß man ihn eigentlich doch nicht braucht."

Das Geld muß ja irgendwie ausgegeben werden. Man ißt deshalb gern und viel, zu Hause und in Restaurants. An Samstagen und Sonntagen kann man vor den Restaurants lange Schlangen stehen sehen. Die Leute warten geduldig auf einen Platz. An der Eingangstür steht nämlich ein Schild: „Sie werden vom Oberkellner plaziert!" Und der Oberkellner „plaziert" mit der Würde eines alten englischen Butlers, die gemischt ist mit preußischem Autoritätsgehabe. Nun haben Hasse und ich aber eine Entdeckung gemacht. Draußen steht man in einer Schlange, und im Re-

staurant sind viele Tische frei. Auf den Tischen stehen kleine Schilder „Reserviert!". Wir saßen ganze zwei Stunden an einem Tisch. Die „reservierten" Plätze wurden nie besetzt. Sie waren gar nicht reserviert. In Restaurants, Gaststätten und Hotels gibt es zu wenig Personal. Die Kellner können nicht mehr Tische bedienen, als sie schon bedienen, oder tun es aus gewerkschaftlichen Gründen nicht. Und draußen bildet sich eine Schlange hungriger Mitbürger. Sie kennen die Notlüge „Reserviert!", aber warten trotzdem geduldig. Sie akzeptieren einfach etwas, was nicht in Ordnung ist, daß sie nämlich so trivial belogen werden.

Dieses passive Hinnehmen von Dingen, die nicht in Ordnung sind, stellt man in der DDR sehr häufig fest, jedenfalls im öffentlichen Leben außerhalb des Arbeitsplatzes. Die Kritik ist bestimmt da, wird aber abgeleitet. Entweder in das Privatleben, in die vier Wände der eigenen Wohnung, oder an „zuständige Organe", an die Gewerkschaft, die Parteigruppe, die FDJ-Gruppe usw. Der einzelne DDR-Bürger sieht sich nicht als „zuständiges Organ" und verliert dadurch den Mut, individuell kritisch zu sein.

Somit ist spontane Kritik in der DDR ziemlich selten. Die Kritik ist geordnet, kommt in die Maschinerie der Partei- und Gewerkschaftsbürokratie. Für den Partei- und Gewerkschaftsapparat ist es fast unmöglich, auf spontane Kritik von Individuen oder Gruppen mit spontanen Verbesserungen zu antworten. Er reagiert mechanisch mit Macht, Gesetzen und Kontrolle der Bürger. Solche Reaktionen sind Zeugnis von politischer Unreife und Unsicherheit und machen ein normales, lebendiges und freies Leben in der Öffentlichkeit fast unmöglich.

Ich möchte in diesem Zusammenhang Bertolt Brecht zitieren. Das Zitat soll gleichzeitig dieses Buch beschließen.

„Lenin hatte den Wunsch, daß es für die Revolution nur eine Partei gebe. Für alle Menschen, die die Revolution wollten, sollte nur sie in Betracht kommen. Alle Mißstände sollten nur von ihr aus betrachtet werden. Alle Schritte zu ihrer Beseitigung sollte nur sie ergreifen. Da muß die Partei aber auch alles enthalten können, was Mißstände feststellt und zu ihrer Beseitigung revolutionäre Schritte ergreift."

Dieter Stöpfgeshoff

Lebensweisen 1

Alltagsbeobachtungen in der Bundesrepublik Deutschland

100 Seiten, mit vielen Fotos, kt. Hueber-Nr. 1.1367

Das Buch schildert
zwei Familien in
ihrem Alltag: in der
Stadt, auf dem Land.
In den Interviews
des schwedischen
Journalisten Stöpf-
geshoff kommen
nicht nur die Fami-
lienmitglieder, son-
dern auch Freunde,
Arbeitskollegen und
Lehrer der Kinder zu Wort.

Aus dem persönlichen Reisebericht und den vielen Fotos entsteht
ein lebendiges, anregendes Bild, das viele Aspekte zeigt, die für
das Leben in der Bundesrepublik Deutschland typisch sind. Stöpfgeshoff schreibt eine klare, einfache Sprache. Sein Buch eignet
sich daher nicht nur für Deutsche und deutschsprechende Aus-
länder, sondern auch für Lerner am Ende des Grundstufenunter-
richts.

Max Hueber Verlag · München